# SENHORA DE SI

Trajetória, aprendizados e lições de uma executiva desbravadora

EDITORA
**Labrador**

# DEBORAH WRIGHT

Copyright © 2022 de Deborah Wright
Todos os direitos desta edição reservados à Editora Labrador.

**Coordenação editorial**
Pamela Oliveira

**Assistência editorial**
Leticia Oliveira

**Projeto gráfico**
Carolina Eitelberg
Amanda Chagas

**Diagramação e capa**
Amanda Chagas

**Produção**
Jabuticaba Conteúdo

**Texto**
Márcia Rocha

**Edição de texto**
Maria Tereza Gomes

**Revisão**
Iracy Borges

**Imagens da capa**
Raul Júnior

Dados Internacionais de Catalogação na Publicação (CIP)
Angelica Ilacqua — CRB-8/7057

Wright, Deborah
  Senhora de si : trajetória, aprendizados e lições de uma executiva desbravadora / Deborah Wright. – 1. ed. -- São Paulo : Labrador, 2022.
  240 p.

ISBN 978-65-5625-263-6

1. Executivas – Brasil – Biografia 2. Wright, Deborah, 1958- - Biografia I. Título

22-4366                                                     CDD 926.584

Índice para catálogo sistemático:
1. Executivas – Brasil – Biografia

**Editora Labrador**
Diretor editorial: Daniel Pinsky
Rua Dr. José Elias, 520 — Alto da Lapa
05083-030 — São Paulo — SP
+55 (11) 3641-7446
contato@editoralabrador.com.br
www.editoralabrador.com.br
facebook.com/editoralabrador
instagram.com/editoralabrador

A reprodução de qualquer parte desta obra é ilegal e configura uma apropriação indevida dos direitos intelectuais e patrimoniais da autora.
A editora não é responsável pelo conteúdo deste livro.
A autora conhece os fatos narrados, pelos quais é responsável, assim como se responsabiliza pelos juízos emitidos.

À minha mãe, Jean,
que me abriu as portas.
Ao meu marido, José Carlos,
que me ensinou a ser e a viver.
À minha filha, Jessica,
que fez tudo valer a pena.

# Assim é (se lhe parece)"

Luigi Pirandello (1925)

Todos nós temos um viés de memória, que nos faz lembrar das coisas que mais nos marcaram.
Eu sei que minha memória pode me trair, posso estar relatando mais uma percepção do que um fato. Por isso, este livro conta a minha verdade, a minha história, a minha percepção.

## AGRADECIMENTOS

Quando decidi escrever este livro, meu objetivo era deixar registrada a minha história. Gostaria que servisse de inspiração às novas gerações de mulheres e homens que estão no mercado de trabalho. Em primeiro lugar, escrevi para as mulheres, pois me coube cumprir um papel pioneiro, desafiando paradigmas no mundo corporativo da época. Mas também para os homens, já que as mudanças sociais, hoje consolidadas, propõem que se privilegie um ambiente diverso nas organizações, em termos amplos, por ser a maneira mais garantida de se criar uma cultura rica e inovadora.

Não queria que fosse um texto árido, nem hermético, mas sim pessoal e sabia que, embora minhas memórias talvez pudessem não corresponder objetivamente aos fatos ocorridos, decidi que valeria a pena contar minha versão das experiências vividas e como elas me marcaram. Não guardei registro de muitas das histórias incluídas no livro, tive que confiar na memória. Espero que ela tenha sido a mais isenta possível. Não é meu intuito desrespeitar e nem ofender aqueles com os quais tive o privilégio de conviver por algum período nesta minha jornada, pois de pouco ou quase nada me arrependo, e sinto uma enorme gratidão pelas oportunidades que me foram oferecidas.

Com a decisão tomada, logo tratei de buscar alguém para me ajudar nessa tarefa. Cheguei a trocar ideias com colegas jornalistas que conheci durante meus cinco anos na Abril, mas assim como em outros momentos importantes de minha vida, a parceira certa surgiu quando eu estava pronta para levar o projeto adiante: Maria Tereza Gomes, jornalista e editora experiente, com muitos anos de *Exame*, *Você S/A* e *TV Ideal*, no Grupo Abril. Ela me entrevistou pela primeira vez quando eu ainda não havia completado 40 anos, no começo de minha jornada como CEO.

Dona de um texto leve e delicioso de ler, é empreendedora de sucesso. Sua empresa produtora de conteúdo multimídia, a Jabuticaba, já completou 12 anos de atuação bem-sucedida.

Nos reencontramos, solidificamos nossa amizade, constatamos que temos valores em comum e, desde o primeiro momento que mencionei o livro, só recebi apoio e entusiasmo! Tereza, não tenho palavras para agradecer o suficiente, só eu sei que este livro está se tornando realidade por conta de sua disciplina, dedicação e cuidado, pois, resiliente, nunca duvidou de que tínhamos algo importante a dizer, não me deixando abandonar o projeto. Durante a pandemia, nos reunimos semanalmente pelo Zoom para a edição do texto, checagem de informações e conversas sobre a vida. Além disso, ela entrevistou seis profissionais importantes na minha trajetória, cujos depoimentos estão no livro, garantindo perspectivas e narrativas complementares à minha, nos textos com a denominação "O outro lado".

Na equipe da Jabuticaba devo agradecimentos também à Márcia Rocha, que gravou e decodificou horas de depoimentos, criou uma lógica de organização para facilitar a leitura e escreveu o primeiro rascunho do texto; à Carolina Eitelberg por ter proposto um projeto gráfico que consegue ser clássico e moderno ao mesmo tempo. Ficou lindo! Agradeço ainda ao amigo fotógrafo Raul Junior, autor da foto de capa. Fui fotografada por ele, pela primeira vez, em 1995 para a *Exame*. Raul, seu talento com a câmera e a sensibilidade de seu olhar não existem mais no mercado editorial brasileiro. É um privilégio te conhecer e termos cruzado nossos caminhos! Passamos uma tarde deliciosa nos estúdios da Jabuticaba, dando risadas e relembrando os velhos tempos. Como resultado, ele entregou à Tereza 150 fotos absolutamente espetaculares, das quais eu poderia ter escolhido qualquer uma para a capa de olhos fechados!

Quero agradecer ainda a seis pessoas muito especiais, que doaram seu tempo para serem entrevistadas por Tereza, para lembrar nossas experiências. Cada um de vocês foi marcante e importante em momentos diferentes de minha carreira: Julio Cardoso, Bruno Francisco, Alaor Gonçalves, Maria Cecília Andreucci Cury, Maurízio Mauro e Alvaro de Souza, tenho por vocês admiração, gratidão e amizade.

Inicio agora uma lista longa de agradecimentos àqueles que me abriram portas e me ofereceram oportunidades de participar de projetos profissionais, que me ajudaram em meu crescimento e desenvolvimento. Como agradecer o suficiente a vocês, que acreditaram em mim, me apoiaram e me convidaram para posições e desafios novos? Alan Grabowsky, Philippe Darquier, Luiz Gabriel Rico, João Luiz Damato (me contratou na Unilever grávida de oito meses!), Julio Cardoso, Peter Schreer, Richard Sucre, Dennis Wright, Gianni Grisendi, Ana Maria Diniz, Abílio Diniz, Luiz Felipe D'Ávila, Maurízio Mauro, Roberto Civita (*in memoriam*), Emílio Carazzai, José Wilson Paschoal, Valter Pasquini, Ana Paula Chagas (obrigada por ter juntado as nove Atenas, cujo projeto deu origem à WCD Brasil), Enrique Biancotti, Richard Waycott, Randy Freiberg, David Tully (*in memoriam*), Alain Belda, Doug Munro, Claudio Sonder, José Galló, Osvaldo Schirmer, Maurizio Billi, Paulo Vasconcelos, Eliana Camargo (*in memoriam*), Alberto Messano, Jesus Zabalza, Álvaro de Souza, José Antonio Alvarez, Ana Botín e Sérgio Rial.

Ao Sérgio devo menção e agradecimento especiais pelo lindo prefácio que generosamente ele escreveu para este livro. Foi um presente e cada vez que leio me emociono!

Quero expressar a enorme gratidão que sinto por ter tido a cumplicidade de Luciene dos Santos Alves, minha assistente executiva, uma amiga querida, talentosa, leal e eficiente, que topou me acompanhar em todas as minhas mudanças, mantendo uma convivência diária durante 23 anos. Nunca teria conseguido sem você, Lu! Sempre oferecia ajuda e apoio inestimável, entendia exatamente do que eu precisava com apenas um olhar, facilitou demais a minha vida, embutindo produtividade no meu dia a dia e segurando todas as pontas!

Termino com um agradecimento especial à minha família. Ao Zé, meu marido, mestre e guru, inspiração e torcedor, companheiro desta vida, muito obrigada pela paciência comigo e por ter dividido sempre todas as tarefas. Você praticava a equidade em casa muito antes de esta palavra ter o significado que hoje tem. Sobretudo, agradeço por ter me cobrado o livro e, como sempre, estar na primeira fila aplaudindo.

Aos meus filhos, agradeço a tolerância pelas minhas falhas e faltas, por estar sempre com pressa, atarefada e com a energia muitas vezes focada no trabalho.

Aos meus pais, onde tudo começou, agradeço por terem me proporcionado uma educação de classe mundial, por terem se sacrificado para que eu pudesse ter o melhor. Foi esse instrumental que me permitiu voar alto e ter tido sucesso nos muitos desafios que abracei.

# Sumário

Prefácio — 11

Introdução — 13

**1** Até os 30 anos — 18
CONSTRUINDO A CARREIRA

**2** Dos 31 aos 45 anos — 58
CONSOLIDANDO A CARREIRA

**3** Dos 45 anos em diante — 150
NOVOS ARES

**4** Daqui para a frente — 212
SOU FRUTO DAS MINHAS ESCOLHAS

Quem quer que tenha algo verdadeiro a dizer se expressa de modo simples. A simplicidade é o selo da verdade"

Schopenhauer (1851)

# PREFÁCIO

**Marie Claire**

A minha vida se cruza com a da Deborah por meio de um amigo comum, o Julio Cardoso (José Julio Cardoso de Lucena), com quem tive o privilégio de fazer a sucessão da presidência da Seara Alimentos.

Mais tarde, já de volta à indústria financeira, procurávamos uma executiva com experiência para o Conselho de Administração do Santander Brasil, quando a sorte nos trouxe o nome da Deborah Wright. Ao vê-la, logo senti que éramos da mesma geração de líderes, em que valores, ambição, família e energia inesgotável nos definiam.

Ela é energia na sua forma mais pura.

Ao ler este livro, tive o privilégio de reviver minha própria vida silenciosamente e os meus primeiros passos.

A leitura é fácil e demonstra que esses anos fizeram com que essa executiva e amiga tenha se tornado ainda mais forte. O livro é pessoal, porque o que vale na vida são os momentos pessoais. Nos julgamos únicos, mas, no fim, estamos todos na busca de nós mesmos, seja no judaísmo, no budismo, na carreira, mas, fundamentalmente, no amor. O amor se materializa com os filhos, com as dúvidas e com aqueles que nos pedem para ter paciência na vida. Deborah nasce sem paciência, e aprende a ser maior que a sua pressa. Passa a ter pressa de si própria. O livro nos ensina um pouco disso.

O texto toca em dilemas de carreira, as fases e os sacrifícios, os quais – estou seguro – ajudarão muitos executivos e executivas a resolver os seus próprios. Aliás, a palavra sacrifício já não se faz tão presente nas conversas atuais sobre carreira. O livro é pessoal, porque importa, e demonstra em suas páginas a dor do crescimento.

A obra traz também aspectos inusitados sobre modelos de gestão e inovação ainda presentes nos dias de hoje. O desafio das grandes multinacionais, prisioneiras do binômio global x local, até hoje não resolvido. Não podemos resolver polaridades. Contudo, o mundo empresarial avança cada dia mais para uma maior autonomia às unidades de negócio, sem com isso perder a noção de um desenho de rede forte. O desafio permanece.

Hoje, mais do que nunca, a inspiração acontece a partir de uma cultura em que a organização acredita no indivíduo e em sua capacidade de transformar, "aqui eu posso". O senso de "eu posso" da Deborah só melhorou ao longo dos anos. Saio desta leitura fortalecido.

Nada é mais poderoso que uma história capaz, em alguma dimensão, de fortalecer o outro através dos nossos erros, inseguranças, de forma autêntica e integralmente honesta, como este livro o faz.

A menina carioca, a executiva de sucesso, a mãe que se cobra permanentemente e a esposa comprometida em uma única história fazem da Deborah um presente da vida para todos nós que a conhecemos – e agora a todos os seus leitores.

Obrigado à nossa linda Marie Claire, que nunca deixou de ser quem é para ter chegado aonde chegou.

**Sérgio Rial**
Chairman do Santander Brasil e da Vibra Energia

## INTRODUÇÃO

Era março de 1995. Eu estava com 38 anos, usava um *tailleur* na cor azul-marinho e sapatos de salto médio quando cheguei para o meu primeiro dia como presidente da empresa. O momento merecia uma certa cerimônia, pois eu estava quebrando o telhado de vidro que ainda hoje impede muitas mulheres de galgar os mais altos postos corporativos. No entanto, naquela manhã, não tive tempo para essas reflexões. A convite de Richard Sucre, presidente do grupo Philip Morris Brasil (indústria de alimentos e de tabaco), eu estava assumindo a Q-Refresco, empresa líder na fabricação de bebidas em pó, gomas e confeitos, da qual, um ano antes, o grupo norte-americano havia recomprado o controle. Entre suas marcas estava o Tang, líder absoluto no segmento. O problema era que, nas últimas semanas, a Q-Refresco passava por uma crise de espionagem industrial que foi parar nas páginas policiais: três diretores acusavam a empresa de terem sido grampeados, e a empresa respondia, acusando-os de espionagem industrial. Em meio à crise, o CEO infartou e logo depois pediu demissão. E lá estava eu com a responsabilidade de recuperar a credibilidade da empresa com os funcionários e com o mercado.

Quando chegamos, Luciene, minha assistente executiva e eu, vindas da Kibon, para ocupar as nossas novas salas, a secretária do ex-presidente tentou impedir a nossa entrada. Pedi ajuda ao diretor jurídico da Philip Morris, Clodoaldo Celentano, que me explicou que os equipamentos de escuta que levaram à confusão ainda estavam nas gavetas da mesa que eu ocuparia. Eu pedi para retirarem tudo dali e comecei a trabalhar. Havia um clima de desconfiança no ar, mas aos poucos fomos envolvendo toda a empresa no processo de transformação cultural. Eu me lembro de ter ido até a fábrica de Bauru, no interior de

São Paulo, para incluir os funcionários na construção de nossa visão, missão e valores. Constatei que aqueles homens e mulheres vestidos de macacão e bota brancos, supersimples, compartilhavam dos mesmos valores que eu: família, liberdade, amor, sinceridade e lealdade. A construção coletiva da nova cultura da Q-Refresco, depois rebatizada de Kraft Suchard Foods, foi uma das experiências mais marcantes da minha carreira e me deu as condições para alçar voos cada vez mais altos.

Desde aquele primeiro dia, tem sido uma jornada emocionante, com erros e acertos, conquistas e derrotas, momentos de tristeza e de alegria. É justamente essa jornada — tal como a vi e vivi — o tema deste livro. Eu o escrevi com a intenção de deixar um registro da minha história profissional para, quem sabe, inspirar outras mulheres a acreditar que elas também podem. Nunca foi simples conciliar os papéis de executiva, de esposa, de mãe e de filha, mas sempre acreditei que tinha o direito à realização pessoal e profissional. Eu fui criada para trabalhar e trabalhei muito em todos os lugares por onde passei. Exagerei? Sim, e a vida cobrou seu preço na forma de um câncer e de um *burnout*.

Quando reviso os mais de trinta anos de carreira, concluo que meu maior legado foi ter realizado tudo com ética e respeito às pessoas. O Maurizio Mauro, que foi meu chefe na Abril, diz que sou "certinha" — e sou mesmo. Jamais passei por cima dos outros para atingir meus objetivos. Outro dia, durante um evento, disseram que eu tenho *soft power*, ou poder suave. O engraçado é que, como diz o Bruno Francisco, que foi da minha equipe na Unilever e na Kibon, em se tratando de trabalho, sempre me vi como um trator, mas que ia levando a equipe junto. Como no caso da Q-Refresco, sempre procurei fazer as coisas com as pessoas. E, assim, cresci com elas.

A bem da verdade, nada veio de graça para mim. A ambição foi importante, mas teve muito esforço, preparação, dedicação, fazer o dever de casa. Tive sorte, claro, mas eu estava pronta quando a oportunidade aparecia. E nos momentos em que eu não sabia o que fazer, contei com apoiadores que ajudaram a iluminar o caminho. Tomei muitas decisões de carreira acertadas e outras que trazem arrependimento (e dor de cabeça) até hoje. Trabalhei com líderes que me inspiraram e com chefes que me exploraram. Experimentei empresas nacionais e multinacionais. Pedi demissão e fui demitida. Casei e separei e casei de novo. Tive uma filha que é a alegria da minha vida.

Em todos esses momentos, tive o Zé ao meu lado. Conheci o José Carlos Olivieri nos primeiros anos de carreira, na Kibon. E nos demos bem desde o começo, tanto que ele foi um dos convidados do meu primeiro casamento. Anos depois, já separados de nossos respectivos cônjuges, fomos morar juntos. Com dez anos a mais que eu, ele já tinha dois filhos e logo depois tivemos a Jessica. Sua carreira de executivo e de empreendedor transcorreu em paralelo à minha, até o momento em que ele se aposentou e passou a cuidar das nossas finanças.

Não estava nos meus planos nem combinava com os meus valores me apaixonar por um colega de trabalho. Meu primeiro casamento foi de Cinderela, com véu, grinalda, muito tule e cauda e festa para 300 pessoas. Com o Zé, apenas fomos morar juntos, sem festa ou cerimônia. Enquanto colegas de trabalho, eu tinha uma admiração enorme por ele, por sua inteligência e seu raciocínio. Ficamos amigos próximos, confidentes, mas nosso relacionamento amoroso progrediu depois que ele saiu da Kibon para empreender. Estamos juntos porque ele reconheceu que havia mais que amizade entre nós, apesar de sermos muito diferentes. Eu gosto de vinho, ele de uísque; eu gosto de documentários de guerra, ele de ciências e religião; eu gosto de um tipo de livro, ele de outro. Mas concordamos na essência, nos valores, e isso nos mantém juntos há 34 anos.

Sou uma pessoa melhor por causa dele. Por ser mais maduro, o Zé me ajudou a valorizar o essencial, a não me apegar ao poder. Quando eu era presidente de empresa, tinha sempre pessoas que organizavam a minha vida: secretária, motorista, assistente. Quando eu chegava para uma reunião, já estava tudo pronto. Se precisava viajar, era só comparecer para o embarque. Então, num sábado fomos jantar e nos deparamos com uma fila de espera que começou a me deixar irritada. Aí ele me perguntou: "Você está impaciente?". "Sim, você não viu quantas pessoas estão na nossa frente?". Ele respondeu gozador: "Então, por que você não vai lá no *maître* e diz que a presidente da Parmalat está na fila? Tenho certeza de que ele não sabe". Ao ouvir isso, percebi que estava prestes a ter um comportamento sem sentido. Ele reconhecia essas vaidades do poder e me trazia à razão.

Ele é um estudioso, um pensador profundo. Ao longo da vida, pesquisou as religiões em busca de respostas existenciais. Eu sou pragmática; ele é atraído pelo oculto, pelo mistério. Ele fala que todos nós fazemos parte de uma só coisa, que Deus está dentro de nós, acredita na reencarnação — eu sou agnóstica, não tenho certeza de nada, mas gostaria de ter. Aprendi muito com ele sobre relacionamentos humanos, a tratar todos de forma igual. Se eu tivesse seguido um caminho sem ele, poderia ter me tornado uma pessoa arrogante.

Estou escrevendo este livro porque ele me convenceu de que havia uma história a ser contada — e é isso o que procuro fazer com honestidade nas páginas que seguem. O livro está organizado em quatro partes. Na primeira, conto a minha vida até os 30 anos, de uma garota nascida no subúrbio do Rio de Janeiro até os primeiros passos na carreira. O segundo bloco é dedicado ao período entre 31 e 45 anos, que foi marcado pelas experiências profissionais que me moldaram como executiva e como presidente de empresa. Nos terceiro e quarto blocos, apresento os projetos mais marcantes depois dos 46 anos até hoje, incluindo a experiência como conselheira independente.

Procurei escrever um livro que vai além de relatar fatos. Ao longo do texto, você vai encontrar destaques e aprendizados que tive com as situações mais importantes que vivi. Espero assim te ajudar a, pelo menos, não cometer os mesmos erros que eu. E, como ninguém é de ferro, indico vinhos que saboreei em grandes ocasiões profissionais. Tornei-me uma apreciadora deles com a ajuda de meu ex-chefe, José Julio Cardoso de Lucena, a quem sou imensamente grata pela amizade e pelas oportunidades que me deu na carreira. Aliás, sou muito grata a todos os meus chefes: alguns por me abrirem portas, outros por terem me subestimado. Com os primeiros, aprendi que ninguém faz nada sozinho e, com os últimos, aprendi o que evitar quando se é líder. Também sou grata às equipes com as quais tive o privilégio de trabalhar. Pode ser uma vaidade minha, mas acredito que tive uma capacidade especial de montar equipes de qualidade excepcional. Quando trabalhávamos como time, sempre as apoiava. Sou adepta da cocriação. Estar próxima das pessoas me dava um prazer enorme.

Essa tem sido a minha jornada. Espero que meus erros e acertos te inspirem a seguir sua própria jornada. Boa leitura!

# Até os 30 anos

## CONSTRUINDO A CARREIRA

"A vida não é fácil para nenhum de nós. Mas e daí? Precisamos ter perseverança e, principalmente, confiança em nós mesmos. Devemos acreditar que seremos agraciados por algo e que essa coisa deve ser alcançada"

Marie Curie, física polonesa, duas vezes ganhadora do Prêmio Nobel por seus estudos sobre radioatividade e a descoberta de novos elementos químicos

# Até os 30 anos

## CONSTRUINDO A CARREIRA

**1**

## RESPONSABILIDADE PRECOCE

Não tive uma infância exatamente pobre, mas também não dá para dizer que tenha sido fácil. Meus pais, Jean e Allan, sempre fizeram muita conta, não havia folga no orçamento familiar. Assim, se um de nós, por exemplo, precisasse de um novo par de sapatos, os outros dois, muito provavelmente, teriam que esperar sua vez — e eu sempre tinha prioridade nessa história.

O único "luxo" de que meus pais não abriam mão, e que parecia algo totalmente à parte do estilo de vida que a gente levava, foi a minha educação. Sempre estudei em escolas particulares e bilíngues. Em São Paulo, por exemplo, para onde me mudei com minha mãe e minha avó, no final dos anos 1960, fui aluna da St. Paul's School.

Eu nasci no Rio de Janeiro, no dia 4 de setembro de 1957. No período em que vivemos lá, eu estudava na The British

School of Rio (colégio britânico localizado em Botafogo). As aulas eram em período integral, das 8 às 15 horas. Nessa época, a gente morava em Del Castilho (bairro da Zona Norte do Rio de Janeiro, distante 16,5 km), e eu ia para a escola no ônibus da empresa em que meu pai trabalhava. Isso significava ser uma das primeiras a entrar no veículo, com os alunos das escolas brasileiras do período da manhã, e uma das últimas a voltar para casa com os alunos da tarde, que saíam às 17h. Eu calculo que ficava quase doze horas por dia fora de casa, contando o trajeto para a escola e as aulas em si. Era tanto tempo dentro desse ônibus, que eu fazia a lição de casa no caminho de volta. Após alguns anos, minha mãe acabou tirando carta de motorista e ia me buscar de carro — assim, em vez de estar em casa só às 18h, eu conseguia chegar no meio da tarde.

Hoje, mesmo considerando que eram outros tempos, acho uma loucura eles deixarem uma criança passar tanto tempo fora de casa. Acontece que meus pais acreditavam na importância da educação que me davam e me criaram para o mundo, para ser responsável pelos meus atos. Sempre foram carinhosos comigo, mas nunca passaram a mão na minha cabeça. Nunca se discutiu, por exemplo, se eu passaria ou não de ano — não passar de ano nunca foi uma possibilidade para mim. E eu sou muito grata por ter sido criada dessa forma, pois ganhei estrutura para aguentar o que quer que fosse. Não sou competitiva, determinada e obcecada por detalhes à toa. Aprendi em casa.

## UM HOMEM DE OPINIÃO

Meu pai, Allan Wright, era do tipo que não abria mão de suas convicções. Muito inteligente e curioso em se tratando de QI, mas com inteligência emocional baixa. Não conseguia ficar calado e discutia acaloradamente para defender suas opiniões. Com certeza, o temperamento difícil foi um entrave para a carreira dele.

Chegou ao Brasil em 1952, aos 21 anos. Era químico industrial formado em um curso de dois anos noturno pela Manchester University e trabalhava na indústria têxtil. No Rio de Janeiro conseguiu emprego na Companhia de Tecidos Nova América, que ficava no bairro em que a gente morava e onde hoje funciona um complexo comercial. Nós brigávamos bastante, porque ele vivia me testando. Se eu chegava feliz da escola, contando que tinha tirado 9, ele não se mostrava satisfeito. "Se você conseguiu 9 é porque tem potencial para tirar 10." Eu ficava aborrecida e desapontada, porque parecia que eu nunca estava à altura do que ele esperava de mim, que nunca era suficiente. Em outras ocasiões, quando a gente divergia sobre algo, e eu começava a ficar alterada, ele ria e comentava: "Calma! Você tem razão". E mudava de assunto. Divertia-se bancando o advogado do diabo! Até hoje eu tenho cicatrizes na autoestima por causa disso. É tema recorrente na terapia.

Fui perceber bem mais tarde que tudo isso era uma estratégia que meu pai usava para conseguir sempre mais e mais de mim. Era para me estimular. Nós ficamos afastados dos meus 15 aos meus 30 anos, época em que ele já estava separado da minha mãe e havia se casado outra vez. Depois que se aposentou, voltou a morar na Inglaterra. Passou anos vivendo com dinheiro contado, economizando para poder retornar ao seu país natal. Nossa reaproximação se deu quando me divorciei do meu primeiro marido. Ele me ligou e disse: "Não sei o que está acontecendo. Mas você é inteligente o suficiente e eu confio que esteja tomando a decisão certa". Refiz minha história com ele nessa época.

> **Meu pai me desafiava bastante, estimulando-me a expor minha opinião. Acho que, graças a isso, eu me tornei uma pessoa argumentativa. Ele criou uma filha sem medo de enfrentar desafios. Não fujo de confronto e não desisto fácil.**

## SEM TEMPO RUIM

Minha mãe, Jean, é filha de escoceses e nasceu no Rio de Janeiro. Bem diferente do meu pai no quesito jogo de cintura, ela, que hoje está com 87 anos, sempre deu um jeito em tudo. Ambiciosa, determinada, quando se dispõe a fazer algo, ela faz.

Ela e meu pai brigavam muito. Não foi um casamento feliz. Minha mãe tinha apenas 22 anos quando eu nasci. Com o tempo, o clima em casa se tornou insustentável e eles acabaram se separando. Em 1969, minha mãe se mudou para São Paulo comigo e com a minha avó materna. Eu estava com 12 anos e nós morávamos em um pequeno apartamento no Itaim, que ainda não era o bairro que é hoje. Morávamos em frente à igreja Santa Terezinha, na rua Clodomiro Amazonas com a Tabapuã. O calçamento era de paralelepípedos.

Minha mãe acabou se casando novamente, em 1976, com um antigo amigo de meu pai: Victor Bray. Victor, meu Uncle Victor, também era inglês e, nessa época, presidente da American Cyanamid, empresa química norte-americana. Claro que esse casamento deu muito "pano para manga", porque Victor e a primeira mulher dele frequentavam nossa casa no Rio de Janeiro no tempo em que meus pais estavam juntos.

## AMOR DE VÓ

Minha avó, Wilhelmina Willets — ou Minnie, como a chamavam — era escocesa nascida em Edimburgo. Uma figura doce, maravilhosa e muito importante em minha vida, principalmente no período em que moramos minha mãe, ela e eu em São Paulo. Fui a primeira neta, a paixão dela. Ela ficou viúva muito jovem, tinha pouco mais de 40 anos, com filhos gêmeos de 9 anos — no caso, minha mãe e meu tio Edward Willets.

## UNCLE VICTOR, UMA GRANDE INFLUÊNCIA

Um pouco mais velho que meu pai, meu padrasto também era químico industrial e trabalhou inicialmente na Tintas Ypiranga. Meu pai e ele eram da Maçonaria. Uncle Victor, após a Segunda Guerra, pertenceu a uma tropa de elite do exército britânico conhecida como Palestine Police. Viveu na então Palestina, antes da formação do Estado de Israel, durante o mandato britânico. Tornou-se um admirador tão grande do povo judeu que permaneceu mais um ano frequentando a universidade em Jerusalém após a baixa do exército. Foi durante a sua vida um grande estudioso da história e da religião judaicas. Sempre indicava vários livros sobre o tema. Eu mesma me converti ao judaísmo, anos mais tarde, quando me casei com meu primeiro marido.

Nossa convivência foi muito especial. Ele me ajudou, inclusive, na escolha da carreira. Eu queria ser jornalista, correspondente internacional, como a Sandra Passarinho (jornalista carioca e primeira correspondente da Rede Globo na Europa). Ele e minha mãe fizeram questão de visitar a Cásper Líbero (faculdade paulistana de cursos da área de comunicação social) e voltaram dizendo que não era para mim.

Entrei em pânico, porque não sabia o que queria. Fiz testes vocacionais que diziam para eu escolher o que desejasse, com exceção de medicina e de engenharia, áreas para as quais não tinha aptidão. Nesse período, Uncle Victor teve um papel crucial na minha decisão. Como era executivo, começou a me mostrar como era seu trabalho, as coisas que fazia, a me indicar livros. Com 17 anos ele queria discutir OBZ (orçamento base zero) comigo! Depois de um tempo, acabei decidindo prestar o vestibular para administração de empresas. Quando me formei, ele me deu meu primeiro carro, um Chevette dourado com bancos bege, que eu adorava!

## O PRIMEIRO ESTÁGIO A GENTE NUNCA ESQUECE

Minha mãe abriu muitas portas para mim — não só pelo exemplo... Como é fluente em inglês, como eu, sempre foi secretária de presidentes de grandes multinacionais.

Eu estava no terceiro ano da EAESP-FGV (Escola de Administração de Empresas da Fundação Getúlio Vargas em São Paulo) e era obrigatório fazer seis meses de estágio para ter créditos suficientes para me formar. Comentei o assunto com a minha mãe que, na época, trabalhava como secretária executiva na Richardson-Merrell Vicks (empresa da área farmacêutica). Depois de mais ou menos uma semana, ela me falou que eu tinha uma entrevista com um executivo da área de pesquisa e planejamento da Almap, agência de publicidade liderada pelos sócios Alex Periscinoto e José de Alcântara Machado, que depois viria a ser adquirida pela BBDO, um dos grandes grupos de comunicação globais. A Almap viria a me atender como agência em várias empresas por onde passei.

Como a minha mãe tinha conseguido a tal entrevista? O executivo, que era norte-americano, esteve um dia na Richardson--Merrell Vicks para uma reunião com o diretor de marketing. Minha mãe aproveitou e pediu um estágio para mim na Almap. Fui para uma entrevista e fiz um teste. Deu certo!

Eu estudava de manhã e fazia estágio à tarde, trabalhando com pesquisa de mercado e planejamento de campanhas. Passei dois anos de muito aprendizado na Almap.

## ACABEI DE ME FORMAR. E AGORA?

Quando eu terminei a GV, em 1979, comecei a procurar programas de trainee. Eu queria trabalhar na Gessy Lever (o nome Unilever só foi adotado a partir de 2001). Acontece que, naquele ano, o país enfrentava uma crise econômica (uma das muitas que vivenciamos!) e as empresas estavam em fase de contenção ou redução do número de empregados. Foi o caso da Gessy Lever — a operação brasileira não estava crescendo e estavam com o quadro completo pelos recém-formados recrutados no ano anterior.

No final dos anos 1970, não havia internet e os anúncios dos programas de trainees ficavam no mural da faculdade. Eu me formei com ênfase em duas áreas — finanças e marketing. Para conseguir o diploma, só era necessário focar uma área, mas, como eu sempre quis ir além do esperado — lembram do meu pai? —, resolvi fazer o pacote completo.

Por causa da minha formação, eu poderia iniciar trabalhando no mercado financeiro ou no marketing de alguma empresa. Não sei por que razão, acho que foi coisa do destino, eu tinha fascinação por marketing — tanto que, no estágio da Almap, meus olhos já brilhavam pelo assunto.

Na época, a grande recrutadora na área de marketing era a Gessy Lever, que, todos os anos, recrutava na GV. Então, eu estava contando com isso, porque sabia que não continuaria na Almap, pois queria ir para a indústria, trabalhar com marcas.

Imaginem meu desespero quando a empresa dos meus sonhos não apareceu. Comecei a procurar nos classificados do jornal e me candidatei para uma vaga na Nielsen Media Research (empresa global germânico-americana da área de dados e informação).

Nesse meio-tempo, também fui conversar com um professor que tive na faculdade: Eduardo Buarque de Almeida, que era diretor de marketing na Alpargatas. Ele ministrava um curso de gerência de produto. Minha ambição, aliás, era me tornar gerente de produto, um dia. Na minha inocência, achava que isso seria o ápice da carreira. Entreguei meu currículo para ele e disse que estava interessada na área de marketing. Ele acabou conseguindo uma vaga para mim na Alpargatas.

## O SENHOR PRESIDENTE E EU

A essa altura, minha mãe já estava em outra empresa: a Standard Brands — Fleischman & Royal (companhia norte-americana que hoje pertence ao grupo inglês Associated British Foods, ABF). Minha mãe havia voltado para o Rio com Uncle Victor e eu permaneci em São Paulo com minha avó. Ela era secretária executiva do Peter McKinley, executivo americano muito amigo do Philippe Darquier, presidente da Kibon. Os dois eram expatriados e se falavam com alguma frequência. Certo dia minha mãe ligou por conta própria e a secretária do Darquier, Sônia Uzum Tenorio, acostumada com essas ligações, transferiu para o chefe. Minha mãe disse a ele que tinha uma filha que acabara de se formar na GV. Perguntou se tinha vaga de trainee na empresa que ele comandava. O presidente da Kibon pediu para ela enviar meu currículo.

Dias depois, ela me avisou: "Deborah, você tem uma entrevista com o presidente da Kibon". Eu fiquei espantada com a minha mãe, mas não deixei passar a oportunidade. Estávamos no final de 1979, eu era uma jovenzinha de 22 anos. A Kibon ficava na rua Santo Arcádio (Zona Sul de São Paulo). A Sônia diz que nunca vai se esquecer do dia em que me viu pela primeira vez: de vestido, salto alto e guarda-chuva (mais inglesa, impossível). Ela acompanhou minha carreira até eu virar presidente da empresa anos depois. Muito simpática, recebeu-me com um sorriso, mas foi logo avisando: "O Sr. Darquier fez uma cirurgia na coluna e está de repouso, mas está esperando você. O motorista dele vai levá-la". Eu fiquei muito sem jeito, mas a Sônia insistiu: "Ele está em casa, entediado, e vai adorar conversar com você!". Então, lá fui eu para a casa do Darquier — uma mansão no Alto da Boa Vista — sem acreditar que aquilo estava acontecendo comigo.

Quando cheguei, foi muito constrangedor, porque ele me recebeu deitado no sofá, já que não podia se levantar. Cultíssimo, com mestrado em Harvard, era baixinho, tinha um humor refinado, um olho de vidro e, como todo bom francês, fumava um Gauloise (marca francesa de cigarros, que hoje pertence ao grupo britânico Imperial Brands) atrás do outro. Já entrei, falando com ele em inglês, pedindo desculpas pelo inconveniente.

Conversamos bastante. Ao final da entrevista, o presidente da Kibon disse: "Você é uma moça de 22 anos com um currículo espetacular para a sua idade". Mas foi realista: "Evidentemente, não sou eu quem resolve essas questões. Eu não sei se temos vagas na área de marketing, mas vou passar seu currículo para o RH e, se houver interesse, eles entram em contato e você passa pelo processo seletivo. Está bem assim?". E a história não parou por aí: ele me disse que era amigo do presidente da Johnson & Johnson. "Vou enviar seu currículo para ele. E, caso não haja vaga na Kibon, vou indicá-la para meus amigos, se você permitir". Nem preciso dizer que saí de lá nas nuvens.

==Quando me tornei presidente da Kibon, em 1997, Philippe Darquier já havia se aposentado e morava na França. Ele enviou um cartão, parabenizando-me e dizendo que tinha orgulho da minha evolução na carreira. Ele escreveu "I always said you were smart" (sempre disse que você era inteligente, em português) — referindo-se à primeira vez que nos encontramos.==

## E, ENTÃO, EU ENTREI NA KIBON

Alguns dias depois da minha conversa com o Darquier, recebi a ligação de um executivo de RH da Kibon, marcando outra entrevista. Eu fui empolgada, mas, ao chegar na sala dele, a recepção não foi como esperava: "Só porque é amiga do presidente, acha que vamos criar uma posição para você que não existe no organograma?". Ele acabou comigo, saí de lá com o coração apertado. Voltei para casa chorando.

Nesse meio-tempo, fui aprovada na Nielsen e na Alpargatas. Recusei a Nielsen e, quando estava prestes a fechar com a Alpargatas, recebi outra ligação, desta vez da secretária de Luiz Gabriel Rico, então gerente de marketing da Kibon, marcando a terceira entrevista. Eu estava insegura por causa da conversa anterior, mas queria uma chance de mostrar o meu valor. Para minha surpresa, o Gabriel me recebeu de forma bem diferente, bem mais receptivo e ofereceu uma vaga de assistente de produto de sorvetes no departamento de marketing.

Ele me perguntou qual era minha pretensão salarial. Eu sugeri 25.000 cruzeiros, valor que ele, rapidamente, aceitou. Anos depois, descobri o porquê: o salário inicial para uma vaga semelhante era de 40.000 cruzeiros. Demorei uns três anos para recuperar a diferença. Comecei no dia 4 de fevereiro de 1980.

Eduardo Buarque de Almeida, meu professor na GV e diretor de marketing da Alpargatas, questionou minha decisão, argumentou. Os salários eram iguais e ele já me conhecia. Com o tempo, entendi que minha decisão havia sido puramente emocional. A Alpargatas não tinha a visibilidade que tem hoje e sorvete era um produto mais lúdico, divertido. Segui meu coração.

# E assim nasceu um sorvete...

A história da Kibon começa em 1941, quando Ulysses Harkson desembarcou no Rio de Janeiro vindo de Xangai por causa da Segunda Guerra Mundial e da tensão crescente entre Japão e China.

Nessa época, a empresa ocupava as antigas instalações da fábrica de sorvetes Gato Preto, que havia falido e ficava no Morro da Mangueira. Inicialmente, produzia ovos desidratados, que eram fornecidos para as tropas.

Os sorvetes vieram depois para compensar os períodos de ociosidade das máquinas quando a guerra acabou.

O sucesso foi estrondoso e, em 1942, a companhia adotou o nome fantasia de Sorvex Kibon.

## ESTRANHA NO NINHO

Devo admitir que meus primeiros meses na Kibon foram frustrantes. Eu me sentia um peixe fora d'água, passava dias sem uma tarefa específica. Por conta disso, ficava bem entediada. Para piorar, o Darquier, vez ou outra, passava na minha sala para uma visita. Eu morria de vergonha! Sentia todos os olhos pregados em nós. Ele dizia que vinha conversar comigo para espairecer, queria saber o que eu estava fazendo e comentava sobre a época em que trabalhou em marketing, que teria sido a mais feliz no trabalho: "Aproveite, porque essa fase da carreira é muito mais divertida do que a minha".

Nessa época, o pessoal me apelidou de Marie Claire, em referência ao meu estilo clássico de vestir. Eu ia para a Kibon toda arrumada — sempre cuidei da minha aparência— e acho que por conta da suposta amizade com o presidente da empresa. Para eles, eu era privilegiada, ou seja, tudo o que eu não queria que pensassem de mim. Afinal, estava ali para aprender e para trabalhar! Além de não corresponder à verdade.

As coisas iam nesse ritmo até que, um dia, meu chefe estabeleceu minha primeira grande tarefa: fazer a previsão de vendas de Chantibon (cobertura tipo chantilly) para o próximo trimestre. Claro que eu queria acertar e fazer a estimativa mais precisa possível. Resgatei os números dos últimos dez anos. Não havia nada organizado, nada que estabelecesse uma correlação clara entre as vendas e a safra de morangos, época de alta no consumo do produto. Incluí tudo isso no meu estudo e fui, toda satisfeita, mostrar o trabalho.

O chefe olhou o papel meio descrente com os cálculos que eu havia feito. Aí, ele disse: "Vou ensinar você como se faz previsão de vendas. Vamos ver, por exemplo, o resultado de abril do ano passado: para saber quanto vai ser em abril deste ano, basta acrescentar mais uns 10%". Eu fiquei consternada — imagine uma coisa dessas para alguém que tinha sido uma aluna tão aplicada como eu? Só sei que, depois desse episódio, ele vivia rindo e contando para todo mundo no escritório como tinha me ensinado a fazer previsão de vendas. Achava engraçado me ensinar a diferença entre a teoria que eu trazia da universidade e a prática nas empresas. O meu estudo foi engavetado.

## CASAMENTO E DIVÓRCIO

Quando entrei na Kibon, Adrian (Mitrany, meu primeiro marido) e eu já namorávamos. Éramos colegas na GV e nos casamos em abril de 1981 — eu estava com 23 anos e o Adrian com 22. Os pais dele acharam nossa decisão preocupante, porque éramos jovens demais. Naquele tempo era assim: se você queria liberdade, precisava se casar.

Alguns anos depois nos demos conta de que tínhamos crescido em direções diferentes. Nem por isso desistimos rápido: fizemos uns quatro anos de análise e conversamos muito antes de decidir pela separação. Eu estava com 30 anos. Para comparar, a minha filha, Jessica, tem hoje pouco mais de 30 anos. Eu a acho tão jovem — e eu, na mesma altura da vida, já estava encarando um divórcio.

Fazendo uma retrospectiva de nosso relacionamento, vejo que Adrian era mais contido, romântico, e que eu sempre fui pragmática, exigente. No início, nossa convivência era fácil, como ele era tranquilo e acabava cedendo, evitava conflitos. Mas, com o tempo, acho que ele também foi se cansando daquilo tudo.

Ficamos doze anos juntos — quatro anos de namoro, um de noivado e outros sete de casamento. Apesar de emocionalmente muito desgastante, a separação foi amigável. Eu peguei minhas coisas e saí da casa em que a gente morava. A família do Adrian tinha, na ocasião, uma condição econômica bem diferente da minha. Então, a maior parte do que tínhamos veio deles — e eu não achei justo pedir nada. Creio que os pais dele apreciaram minha atitude, pois não tivemos problemas e discussões sobre acordos financeiros. Hoje, Adrian e eu temos um ótimo relacionamento. Ele já veio jantar em casa com sua atual mulher e nos vemos com alguma frequência — até por conta do nosso grupo de ex-alunos da GV. Já completamos quarenta anos de formados.

## DUAS MULHERES FORTES

Minha mãe era muito rígida em questões de namoro e moral. Ela não me vigiava e me deixava sair sozinha, porque sabia a filha que tinha e confiava em mim: "Tenho certeza de que você não vai me decepcionar". Eu nasci responsável e cumpridora de regras.

A mãe do Adrian era uma mulher forte. Viveu até os 90 anos. Quando nos casamos, Martha logo percebeu que eu estava 100% focada na carreira e que cuidar da casa não era prioridade para mim. Tanto que resolveu tomar para si parte da supervisão das tarefas domésticas. Para começar, contratou e treinou nossa empregada durante três meses. A Lia, que trabalhou comigo durante 24 anos, usava uniforme e aprendeu a servir à francesa. Martha era muito sofisticada e eu a admirava. Durante algum tempo, sua interferência me incomodou bastante. Hoje, mais madura, reconheço que as intenções eram boas e que ela me ensinou muito. Sou grata por isso.

## EU ME TORNEI JUDIA

Quando Adrian e eu nos casamos, eu me converti ao judaísmo. Foram três meses de curso, duas provas e um mês estudando hebraico com um professor particular. Fiz a conversão com o rabino Henry Sobel, que presidiu a Congregação Israelita Paulista e ficou conhecido como porta-voz da comunidade judaica no Brasil, que também celebrou nosso casamento.

Sempre tive interesse pela cultura judaica. Uncle Victor, também um judeu convertido, e eu trocávamos muitas ideias e livros sobre o assunto. A conversão foi algo natural para mim. Depois que me separei, deixei de frequentar sinagogas. Eu até gostaria de ter continuado, mas, em respeito à família do Adrian, preferi me afastar. Hoje, se você perguntar minha religião, digo que sou meio budista e meio judia, influência de Nilton Bonder, rabino da Congregação Judaica do Brasil (CJB), autor de *A Alma Imoral*, entre outros livros.

## ZÉ, MEU GURU

Os dias na Kibon transcorriam sem grandes emoções. E, então, eu me aproximei do Zé, José Carlos Olivieri, que, muitos anos depois, viria a se tornar meu segundo marido. Nesse tempo, o Luis Gabriel Rico era gerente de marketing (o executivo ficou na Kibon de 1973 a 1982 e, depois, chegou a CEO de outras empresas) e, abaixo dele, na divisão de sorvetes, havia dois líderes de negócio: meu chefe respondia para um, e o Zé para o outro. Eu não sei por que meu chefe contava com dois assistentes e o Zé, que era conhecido como Olivieri na Kibon, não tinha nenhum. Ele vivia sobrecarregado. Quem determinou que fosse assim realmente não tinha noção da carga de trabalho das áreas.

Um dia, o Zé estava passando na porta da minha sala — isso foi muito antes dos escritórios abertos — e me perguntou se eu estava ocupada. Como estava ociosa, me pediu um favor. Disse que estava precisando de ajuda na parte operacional, estatísticas de vendas etc. Aceitei no ato e foi a melhor coisa que fiz, pois meu aprendizado profissional começou depois daquela conversa. Foi ele quem me ensinou os meandros da gerência de produto. Meu chefe me subestimava, e o Zé, ao contrário, via-me como uma pessoa bem informada, inteligente, que procurava fazer com perfeição tudo o que ele ensinava.

Aprendi questões relacionadas ao marketing com uma pegada muito forte de finanças (o Zé é originalmente da área financeira). Meu aprendizado não foi só sobre marketing, mas também sobre coisas intangíveis que foram muito valiosas na minha carreira. Foi com o Zé — e com Uncle Victor também — que entendi o que é liderar pela motivação. O Zé sempre fez isso com maestria. Tinha uma excelente rede de relacionamentos e a acionava o tempo todo. As pessoas tinham prazer em ajudá-lo, assim como ele sempre estava a postos quando alguém o procurava. O Zé vivia repetindo que o respeito da equipe não se conquista com hierarquia ou com salário, mas com uma liderança inspiradora. Ninguém pensava assim nos anos 1980.

O Zé tratava todos muito bem, sem fazer distinção de cargo, reconhecia o esforço das pessoas e, com isso, conseguia coisas que, de outra forma, levariam semanas para serem feitas. Se ele, por exemplo, quisesse algo para completar um relatório, passava a mão no telefone: "Fulano, preciso de um estudo detalhado de custos, mas preciso que esteja na minha mesa daqui a uns 40 minutos. E não venha me dizer que não consegue, porque eu mesmo ensinei você a fazer isso!". Com seu jeito brincalhão, ele mobilizava a empresa inteira e as pessoas faziam tudo o que ele precisava com presteza e com leveza.

Minha parceria profissional com o Zé acabou provocando certo ciúme no meu chefe. Quando ele descobriu, ficou bem irritado e disse que iria levar o caso para o Gabriel Rico. Como eles eram pares, acabaram se entendendo. Continuei contribuindo informalmente com o Zé e aprendendo cada dia mais sobre marketing.

## NA MOSCA

Uma das habilidades do Zé que sempre admirei é sua capacidade de fazer previsões corretas. É impressionante como ele consegue reunir informações do presente para antever o cenário dali a uns anos. Ele é certamente um dos melhores estrategistas que conheci, está sempre muitos anos à frente.

Nós éramos líderes incontestes no mercado de sorvetes industrializados, com um *market share ex-factory* próximo de 80%. Nosso jingle "Kibon, sempre o melhor sorvete", representava muito bem o que o mercado pensava sobre o nosso produto. Por conta disso, o Zé vivia dizendo que não fazia mais sentido investir dinheiro em propaganda para reproduzir um posicionamento bem estabelecido. Ele percebeu que a competição ia além dos sorvetes industrializados, o que era uma visão inovadora para os anos 1980.

A estratégia criada foi posicionar a Kibon no mercado mais amplo de lanches e sobremesas, conceito inspirado em uma pesquisa de hábitos e atitudes em relação ao consumo de sorvete. Enxergava que o sorvete como categoria tinha vários concorrentes indiretos, que disputavam parte do dinheiro e do estômago do consumidor.

Essa foi uma grande sacada mercadológica, que mudou o posicionamento e a comunicação da Kibon. É dessa época o conceito "suco de fruta no palito", que não era apenas um slogan de marketing. Para relançar toda nossa linha de picolés, foi preciso mudar a fórmula dos produtos, pois para sustentar esse posicionamento havia uma proporção mínima de fruta natural exigida pela legislação de alimentos industrializados. No marketing, passamos a focar os benefícios para o consumidor.

A pesquisa havia nos indicado que a Coca-Cola era nosso maior concorrente indireto no segmento de picolés. No alto verão, buscando refrescância, o consumidor escolheria entre tomar um refrigerante gelado ou um picolé de frutas. Para matar a sede durante uma refeição, evidentemente que o sorvete não participava do rol de escolhas. Porém, com o posicionamento "suco de fruta no palito", a Kibon passou a ser a alternativa refrescante e mais natural no resto do dia.

Essa nova maneira de entender o mercado nos levou a acompanhar o modelo de negócios de Roberto Goizueta (CEO da Coca-Cola de 1980 a 1997). Goizueta criou a chamada regra dos "3As": *awareness, affordability* e *availability*. *Awareness* (conhecimento) ligado à propaganda, à necessidade de sempre manter a atenção do consumidor em sua marca. *Affordability* (acessibilidade) ligada à renda das famílias, à necessidade de ter preços compatíveis com o poder de compra do consumidor; e *Availability* (disponibilidade) ligada à distribuição massiva, à necessidade de o produto estar sempre facilmente disponível, à mão, à distância do desejo. Goizueta dizia que a Coca-Cola deveria estar ao alcance de um esticar de braço.

Na Kibon sabíamos da importância da distribuição. A fidelidade de marca, estimávamos, estendia-se a apenas 300 metros. Esse fato era facilmente comprovável nas praias durante o verão. O primeiro carrinho a aparecer levava o cliente.

O modelo de Goizueta se aplicava perfeitamente ao mercado de sorvetes. Principalmente à categoria de consumo fora de casa. As pesquisas de mercado confirmavam que ao buscar algo para se refrescar o consumidor poderia optar entre um picolé e um refrigerante. Com isso, pode-se dizer que Coca-Cola e picolés disputam em três campos: emoção (*share of heart*), estômago (*share of stomach*) e bolso (*share of wallet*).

O Zé disseminou esses conceitos pela empresa quando as pessoas ainda não entendiam que competíamos com a Coca-Cola. Era uma época em que a visão do fabricante, da indústria, era a dominante. Ele explicava a estratégia e o contexto em que os dois produtos seriam concorrentes, ainda que indiretamente. Falou isso há trinta anos, mas essa

# Era uma vez uma empresa...

**1941**
Fundação da Kibon no Rio de Janeiro.

**1960**
General Foods compra a Kibon[1].

**1985**
Philip Morris[2] compra a General Foods.

**1988**
Philip Morris compra a Kraft Foods[3].

**1990**
Philips Morris compra a Jacobs Suchard[4].

**1993**
Philip Morris retoma o controle acionário da Q-Refresco, que, dois anos depois, passa a ser conhecida como Kraft Suchard Foods.

**1996**
Philip Morris compra a Lacta.

**1997**
Gessy Lever[5] compra a Kibon.

**2000**
Philip Morris compra a Nabisco e faz uma fusão com a Kraft.

**2001**
Gessy Lever adota o nome Unilever.

## 2003

A Philip Morris muda o nome para Altria Group, a fim de evitar que suas empresas de alimentos tivessem a mesma marca que os negócios de tabaco e bebidas.

## 2007

Dona de 89% das ações da Kraft General Foods, a Altria faz um *spin-off*, separando as empresas de alimentos e de tabaco.

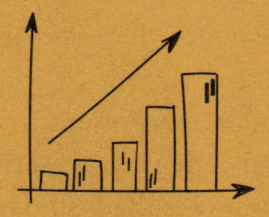

## 2012

A divisão internacional de alimentos (guloseimas) da Kraft Foods passa a se chamar Mondelez. Continuam na Kraft marcas tradicionais nos EUA, como os queijos Kraft, o café Maxwell House e os frios Oscar Mayer.

## 2015

É anunciada a fusão da Kraft com a Heinz, que resulta na Kraft Heinz Company, controlada pela Berkshire Hathaway (26%), do Warren Buffet, e pelo 3G Capital (24%), de Jorge Paulo Lemann, Marcel Telles e Beto Sicupira.

---

[1] **General Foods** — grupo norte-americano da área alimentícia.

[2] **Philip Morris** — multinacional produtora de tabaco e derivados que, até 2007, fazia parte do Grupo Altria, *holding* com empresas alimentícias, de tabaco e de bebidas.

[3] **Kraft Foods** — grupo norte-americano da área alimentícia.

[4] **Jacobs Suchard** — empresa que nasceu da fusão entre fabricantes europeus de chocolate e café.

[5] **Gessy Lever** — nome da multinacional anglo-holandesa de bens de consumo no Brasil que, desde 2001, adotou o nome global Unilever.

ideia continua atual até os dias de hoje, quando se pensa em produtos substitutos. Um posicionamento ambicioso é a chave do crescimento!

> O executivo cubano Roberto Goizueta foi um dos CEOs mais emblemáticos da Coca-Cola. Com a mudança de estratégia, a Kibon passou a acompanhar de perto os passos dele e da Coca-Cola. Passei a ler os seus relatórios anuais publicados nos Estados Unidos com o cuidado de quem monitora um concorrente. Era nosso *benchmark* aspiracional. Fazíamos pesquisas mensais de preços no pequeno varejo para comparar a relação entre a nossa tabela e a da Coca-Cola. Era importante manter a paridade de preços.

## APRENDIZADO CONTÍNUO

A Kibon tinha fama de ser um berço de talentos. Internamente, a gente dizia que era um "navio-escola", porque trabalhar lá, além de ser equivalente a fazer um curso intensivo sobre o mercado de sorvetes, era também passar por um curso de excelência em marketing. E isso, claro, chamava a atenção de outras empresas.

Na época, era uma multinacional que pertencia à General Foods Corporation, mas tínhamos autonomia total de ação no Brasil — o que não era comum. Normalmente, em multinacionais há muitas regras, políticas, marcas globais, com livros e regras de *branding*, determinando o que pode e deve ser feito. Na Kibon não era assim.

Como a categoria sorvetes e o Brasil não representavam grande importância para a General Foods, a regra não escrita era: "enquanto vocês estiverem entregando resultados financeiros acima da média esperada para alimentos, façam o que bem entenderem". E a gente foi construindo uma franquia de negócios e de marca extraordinária. A Kibon preenchia o papel de *cash-cow* no portfólio da General Foods. O nível de investimento era abaixo do recomendável, embora os retornos fossem gigantescos. Acho que, embora possa parecer um paradoxo, era por isso que a inovação era tão presente. Sabe aquele ditado que diz que a necessidade é a mãe da invenção? Na Kibon, a gente seguia isso à risca: inovação que não envolvesse grandes investimentos ou que fosse autofinanciada era aprovada.

## EU, GERENTE

Em 1982, a Kibon fez uma *joint venture* com a Q-Refresco, empresa nacional e concorrente nos produtos da linha seca: bebidas em pó, gomas e confeitos. A empresa reduziu o tamanho original em 60%. Tinha sido uma grande organização e passou a ser uma empresa bem menor, focada somente em sorvetes, seu carro-chefe e principal negócio. Com isso, a área de marketing, onde eu trabalhava, ficou bem pequena.

Terminada a negociação e a implementação da *joint venture*, Philippe Darquier assumiu a presidência da General Foods na Espanha. Para a presidência da Kibon (apenas "sorvetes"), promoveram Peter Schreer. Algum tempo antes, Peter havia voltado de um período de expatriação nos Estados Unidos na matriz da General Foods para assumir a diretoria de marketing.

José Julio Cardoso de Lucena, conhecido como Cardoso, fez a transição para a gerência de marketing de sorvetes e, depois, assumiu a diretoria de marketing, respondendo ao Peter. Nessa época, eu era gerente de produto da linha doméstica, sorvete que se leva e consome em casa. Com a saída de muitos profissionais de todas as áreas, a empresa estava passando por uma grande transição. Com essa movimentação toda, minha linha, que era a menor, ficou sem gerente de grupo durante um ano e meio. Eu, temporariamente, fazia os dois papéis, respondendo diretamente ao Cardoso.

Em 1984, a Kibon contratou um executivo para ser gerente de grupo da linha doméstica, ou seja, meu novo chefe direto. Esse profissional veio de uma multinacional de outro setor e chegou criticando tudo o que fazíamos. Além de não conhecer o mercado de sorvetes, não tinha a menor ideia de como lidar com a velocidade exigida para ter sucesso em um mercado altamente sazonal.

Ele vinha de uma empresa de cultura mais formal, dava muita importância para a hierarquia e achava, por exemplo, que os gerentes de grupo de produtos deveriam almoçar entre si, sem se misturar aos subordinados. Isso era impensável na Kibon. Éramos um grupo pequeno e unido. Ninguém ligava para cargos.

Quando esse executivo entrou na empresa, fazia mais de um ano que eu me reportava diretamente ao Cardoso; eu, na condição de interina, acumulava funções. Meu novo chefe logo se deu conta de que eu estava muito bem adaptada a esse papel e que tinha conquistado a confiança do diretor. Por causa disso, deve ter me considerado uma ameaça, porque tentou me prejudicar várias vezes.

Esse executivo é um exemplo clássico de profissional que muda de empresa e não se esforça para aprender e se integrar à cultura da nova organização. Ele não entendia, por exemplo, os termos e os jargões do mercado de sorvetes e, em vez de perguntar, assumia uma postura defensiva e nos ridicularizava, usando os termos técnicos de maneira errada, desrespeitosa. Parte do trabalho de desenvolvimento de produto inclui muitas degustações. E degustar sorvete é uma atividade estruturada, éramos treinados para avaliar critérios como adoçamento, acidez, sabor da fruta, cremosidade etc. O profissional de pesquisa e desenvolvimento que, geralmente, é um engenheiro de alimentos, quer saber por que você preferiu determinado sabor, como chegou a essa conclusão — e não se o sorvete é gostoso ou não.

Nessas ocasiões, o tal executivo se comportava de maneira imatura, pouco interessado em aprender. Era constrangedor, porque o marketing liderava os lançamentos e as melhorias de qualidade dos produtos estabelecidos. Não ocupávamos uma posição hierárquica superior à dos outros profissionais envolvidos no processo de inovação, mas cabia à área de marketing a liderança dos projetos. Fazíamos o papel de líderes do time de inovação, traçando objetivos e alinhando as várias áreas para cumprirem o seu papel dentro do cronograma estabelecido.

A situação se repetia nas reuniões com a Almap, agência de propaganda da Kibon naquela época. O executivo se aborrecia por algum motivo e saía no meio da conversa, exigindo que eu o acompanhasse. Eu, então, remarcava a reunião alguns dias depois e resolvia tudo sozinha, o que o deixava ainda mais irritado. Ele encarava isso como *by-pass*, quando, na verdade, minha preocupação era cumprir prazos, algo importante em qualquer negócio, porém imperativo quando se trata de lançar um produto crucial para as suas vendas de verão.

Sorvete é uma categoria completamente atípica: o jogo é rápido, é preciso ter estômago, gostar de emoções fortes. Não dá para perder tempo com muitos detalhes. E o caso é que esse executivo não sabia tomar decisões com poucas informações, algo que a gente precisava fazer praticamente o tempo todo. Nós convivíamos bem com risco, não havia tempo para muito planejamento. Pesquisávamos e testávamos aspectos importantes e relevantes, apenas. Eu cresci profissionalmente nesse ambiente e sempre adorei a velocidade, a adrenalina! Depois de pouco mais de um ano, ele acabou sendo demitido e eu fui promovida a gerente de grupo de produtos.

> ### O QUE APRENDI COM ESSA SITUAÇÃO
>
> Cada empresa tem sua cultura. Se você vem de fora, precisa entender e se adaptar a ela. Só depois, se for preciso, pode sugerir qualquer mudança. Isso é ainda mais verdade quando você se insere num time vencedor, com pessoas aguerridas, que vestem a camisa, como era o da Kibon.

## MUDANÇA DE HÁBITO

No setor de sorvetes, a janela de oportunidade é estreita, já que o lucro tem que ser maximizado no período de setembro a março. Por conta disso, os lançamentos devem ocorrer no pré-verão. Todo ano, as novidades dessa estação eram aguardadas pelos consumidores: novos sabores, promoções e campanhas. O processo é similar ao da indústria de *fast-fashion*: são feitos vários lançamentos simultâneos, alguns sazonais, e a renovação de produtos ocorre rapidamente.

Tínhamos liberdade em relação à matriz para criar, produzir e veicular as campanhas publicitárias. Uma das estratégias de comunicação foi criar um racional de consumo para o segmento doméstico. Começamos a falar do valor nutricional do sorvete, pois as pesquisas apontavam que as pessoas compravam sorvete por impulso, motivadas por dias ensolarados. Queríamos estimular a compra ao longo do ano inteiro.

Nos anos 1980, o freezer doméstico, que era capaz de garantir uma temperatura de 18º C negativos, ainda era luxo, ou seja, poucos consumidores tinham como estocar sorvete em casa. O que era comum nas residências eram os congeladores de geladeira, que chegam a apenas 7º C negativos, e não são adequados para estocagem de sorvete. Comparando com o mercado norte-americano, o comportamento de consumo dos brasileiros era muito diferente. Por aqui, tomar sorvete em casa ainda era um hábito a ser desenvolvido.

## ESCOLA DE PRESIDENTES

Participar e, com o tempo, conduzir lançamentos de alguns produtos me ajudaram a desenvolver habilidades importantes de liderança, como capacidade de negociação e empatia com todos os níveis hierárquicos. Trabalhávamos de maneira semelhante em rodadas de inovação que reuniam profissionais de praticamente todas as áreas da Kibon. Por conta dessa dinâmica de trabalho, naquele tempo, o marketing era uma área que formava presidentes e gerentes gerais. A empresa se considerava *customer focused*, o que na prática significava que o direcionamento estratégico dos negócios cabia à área de marketing.

Muitas vezes, acontecia de eu coordenar pessoas que eram seniores, que tinham uma posição mais importante do que a minha e, mesmo sem ascendência hierárquica, minhas atribuições incluíam apresentar o projeto, trazer todos para o mesmo objetivo, motivar cada um a fazer sua parte, coordenar reuniões, cobrar resultados. Era preciso negociar com habilidade, pois a pessoa não respondia diretamente a mim, eu era só a coordenadora do projeto. E essa é, sem dúvida, uma excelente forma de desenvolver a liderança. Liderança de fato, pelo conhecimento, e não de direito, pela hierarquia.

## A PALAVRA DO GURU

Para Peter Drucker, conhecido como o pai da administração moderna, uma das competências fundamentais de um bom líder é a capacidade de motivar a equipe de forma consistente para que ela produza além das expectativas. Entre as atitudes de um bom líder enumeradas por Drucker estão: ser um bom comunicador; focar as oportunidades e não os problemas; evitar usar o pronome pessoal "eu" e utilizar "nós", em vez disso.

## DIRETO AO ASSUNTO

Corria o ano de 1982. Minha carreira deslanchava na Kibon, mas eu continuava com o salário defasado e ganhava metade do que um par do sexo masculino recebia para realizar o mesmo trabalho. Isso me aborrecia bastante e eu não via como resolver o assunto, uma vez que a política salarial da empresa não permitia grandes saltos. Mesmo sem querer sair da Kibon, porque gostava da empresa e do que fazia, resolvi olhar o mercado. Acabei sendo aprovada em um processo seletivo da Henkel (multinacional alemã da área química). Meu salário iria dobrar e eu, então, resolvi pedir demissão.

Não sei como, mas o presidente ficou sabendo da história e me chamou para perguntar se eu não estava feliz na Kibon. Expliquei que havia recebido uma proposta financeiramente muito atraente. Darquier, então, disse que iria igualar a proposta, criando uma exceção na política salarial da empresa. Ele acertou a situação de defasagem que eu vinha carregando desde que entrei. Subi três faixas salariais. Finalmente, seria remunerada de acordo com a função que eu já desempenhava na prática. Foi nessa época que me tornei gerente de produto pleno.

> ### O QUE APRENDI COM ESSA SITUAÇÃO
> Durante toda a minha carreira, mesmo quando não estava interessada em buscar novas oportunidades, olhei o mercado e me mantive aberta a conversas. Esse é um ótimo jeito de descobrir como anda a empregabilidade e, em alguns casos, pode até levar a carreira para outro patamar.

## UMA MENTE BRILHANTE

Algumas pessoas contribuíram muito para o meu crescimento profissional. Uma delas é Peter Schreer, executivo de origem austríaca que viveu muito tempo no Brasil. Eu o conheci na Kibon, quando ele era diretor de marketing e depois presidente. Anos depois, Schreer foi promovido e se tornou presidente global para a América Latina da Philip Morris International. Ele impediu três tentativas da Gessy Lever de comprar a Kibon, algo que só acabou acontecendo no final dos anos 1990. Argumentava, dizendo que a Kibon era uma grande geradora de caixa e que financiava toda a estratégia de alimentos da Philip Morris para a América Latina. Schreer foi peça-chave na minha volta para a Kibon em 1991. Julio Cardoso, o então presidente, me chamou de volta para ser diretora de marketing e teve o sinal verde de Schreer.

Uma das maiores qualidades de Schreer é ser um estrategista. Na Kibon, ele foi um dos grandes incentivadores da inovação feita por equipes multifuncionais. Essa prática continuou quando a Kibon passou para o comando da Philip Morris e ele virou presidente na América Latina, com duas áreas de negócios: alimentos e tabaco. O modelo de inovação consolidado na

Kibon passou a ser utilizado em toda a região: eram formados grupos de trabalho para pensar a empresa como um todo, já que as divisões de alimentos e tabaco tinham mais pontos em comum do que parecia a princípio.

No início, o clima era de muita animosidade. Nós, de alimentos, éramos bons de estratégia, até pela liberdade de ação de que tínhamos usufruído durante tantos anos, e também para desenvolver e lançar produtos. Éramos ágeis, inovadores e com uma excelente capacidade de comunicação. O pessoal de tabaco, por sua vez, entendia tudo de embalagens, de marketing de eventos e de ponto de venda. Conheciam os porquês de cada detalhe do maço de Marlboro (uma das marcas de cigarro fabricadas pela Philip Morris), os símbolos, os conceitos de semiótica ali representados. Isso foi um ganho para nós, pois na área de alimentos a embalagem tem um apelo mais funcional que estético e, geralmente, é descartável.

Com o passar do tempo, começamos a nos respeitar mutuamente, pois percebemos que nossas competências eram complementares e que havia muito mais semelhanças entre nós do que imaginávamos. Um exemplo disso foi o projeto de *joint distribution* (a distribuição unificada) envolvendo bares e padarias, que foi pensado para atender tabaco e as categorias da Kraft Suchard Foods: balas, gomas de mascar etc. Com esse sistema, muitas vezes, o mesmo vendedor negociava todos os produtos e otimizava a logística.

O OUTRO LADO

# Com ela, não tem erro

Depoimento de José Julio Cardoso de Lucena, ex-presidente da Kibon, Tintas Coral, Santista Alimentos, Seara Alimentos e Sadia

A Deborah começou a trabalhar diretamente comigo quando assumi como gerente de marketing da Kibon. Para mim, era ótimo ter alguém como ela na equipe pela sua capacidade de trabalhar junto às áreas de pesquisa e desenvolvimento. Ela mobilizava a todos para garantir a renovação anual da linha. Como passei a acreditar em sua entrega, toda vez que eu tinha possibilidade, eu a indicava. Foi assim na Kibon e, mais tarde, na Tintas Coral. Quando eu assumi a presidência da Kibon, ela estava na Unilever e logo pensei: vou trazê-la de volta. Eu fui atrás, ofereci a diretoria de marketing e ela topou. A gente trabalhava muito na base da confiança: eu delegava e tinha certeza de que ia ser feito. Ela é uma máquina de trabalho, muito dinâmica e assertiva.

 Quando aceitei a proposta do Grupo Bunge para preparar sua área química para a venda, indiquei a Deborah para CEO da Kibon. E, anos depois, quando efetuamos a venda da Coral para o grupo inglês ICI e o Bunge quis que eu continuasse com eles, novamente a indiquei para o meu lugar. Pela sua origem inglesa, o pessoal da ICI se encantou. A Coral ainda estava se estruturando e precisava criar uma cultura de multinacional. Era um grande desafio de gestão, mas também de adaptação pessoal dela a um negócio de ciclos longos, muito diferente do sorvete. Acho que ela aguentou uns dois anos até ser seduzida pelo marketing da Parmalat. A empresa italiana, com suas estratégias de varejo agressivas, tinha características mais próximas ao seu perfil, mas não quer dizer que a mudança tenha sido uma boa decisão de carreira. Ela descobriu depois que era só fumaça e acho que se arrependeu.

 Ela era sempre tão competente que eu não me lembro de a questão de gênero ter sido levantada alguma vez. Era comum vê-la falar em eventos para plateias de mais de mil vendedores. Ela subia e mandava o recado tranquilamente. Além de uma oratória muito boa, sabe adaptar a linguagem para públicos diferentes. Uma característica importante é que a Deborah não entrava em reunião sem ter estudado o assunto antes. Por isso, sabia argumentar, defendia seu ponto com base em fatos e dados. Sua maior qualidade? A empatia. A Deborah consegue perceber as pessoas e se coloca no lugar delas, o que ajuda na comunicação e na liderança.

## MOVIDOS PELA INOVAÇÃO

A primeira área de que cuidei na Kibon, ainda como trainee, foi a de xaropes e coberturas, que era pequena — a linha de coberturas, inclusive, era considerada secundária. Mas isso não importava, porque eu estava decidida a tornar aquela linha relevante na empresa. E não apenas porque sou competitiva, mas porque sempre trabalhei dessa forma, entregando o meu melhor.

Mesmo sem um departamento de pesquisa e desenvolvimento internacional à altura do que havia na Nestlé e na Unilever, a Kibon era uma empresa muito inovadora. Nos anos 1980, quem viajava para o exterior era implicitamente incumbido de pesquisar novas ideias. Certa vez, alguém trouxe uma embalagem plástica meio cônica com tampa em formato de gota. Assim que coloquei os olhos naquela embalagem, decidi que ela era perfeita para a linha de coberturas. Apresentei um projeto para a área de desenvolvimento de embalagens e conseguimos um fornecedor que concordou ser nosso parceiro (esse era o único jeito de viabilizar o projeto, porque não tínhamos autorização para investimentos). Como o molde da tampa era de plástico injetado, algo que teria que ser produzido exclusivamente para nós, o fornecedor pediu um contrato com garantia de volume mínimo durante determinado prazo. Ou seja, assumimos juntos o risco do desenvolvimento.

Antes, a embalagem das coberturas era uma bisnaga branca com tampa azul, parecida com as de mostarda. Com a nova embalagem, as coberturas passaram a chamar mais atenção nas gôndolas dos supermercados. A cor das tampas mudava conforme os sabores (morango, chocolate e caramelo). As vendas aumentaram bastante e ganhamos um prêmio de design. Esse foi meu primeiro projeto de sucesso na carreira.

> ### O QUE APRENDI COM ESSA SITUAÇÃO
>
> Uma das grandes lições que aprendi durante o tempo em que trabalhei na Kibon é a importância de conquistar pessoas para a sua causa. Esse era praticamente o único jeito de viabilizar um projeto por lá, uma vez que havia sérias restrições aos investimentos. Mudar a embalagem da linha de coberturas para sorvete, por exemplo, exigiu que eu encontrasse uma empresa disposta a compartilhar o risco, fabricando a embalagem em troca de uma garantia de pedido mínimo. Atualmente, isso é muito comum, mas nos anos 1980 não era a prática do mercado.

## "OUVIR" NAS ENTRELINHAS

Quando se pensa em produtos inovadores, o consumidor geralmente tem a resposta. Mas ela não costuma ser direta — muitas vezes, é preciso saber interpretar o que ele diz. Na Kibon, fazíamos frequentemente pesquisas qualitativas com grupos de consumidores, os chamados *focus groups*. Em um deles, formado por *heavy users* de sorvete em casa, classificados dessa maneira por consumir determinada quantidade por semana, ouvi o seguinte comentário: "Para mim, preço não é problema, porque vou comprar o sorvete de qualquer jeito. Eu gosto tanto de sorvete que compraria até mesmo se viesse em um saco plástico". Em outro grupo, este de consumidoras da classe C, *light users* de sorvete, uma das participantes disse: "Sorvete só compro quando tem festa em casa. Guardei uma lata decorada de dois litros e, agora, compro o 'tijolinho' de meio litro (linha de produtos que era apresentada em embalagem retangular de papelão), porque é mais barato. Na hora de servir, coloco o conteúdo dentro da lata".

Quando foram lançadas, no início da década de 1980, as latas de dois litros de sorvete da Kibon fizeram muito sucesso. Com o tempo e por conta de um cenário econômico recessivo, as vendas caíram significativamente. Os *focus groups* organizados naquela época foram fundamentais para nos fazer visualizar uma saída. Eu estive pessoalmente nas duas reuniões que citei acima. Graças a isso, tive um *insight* de que havia consumidoras que já tinham várias latas em casa, mas comprariam sorvete em qualquer embalagem; outras, porém, valorizavam as latas a ponto de guardá-las para ocasiões especiais.

Decidimos, então, copiar o que a indústria de cosméticos já fazia e fabricar um refil de sorvete. Nosso refil tinha dois litros. Era só descartar o papelão que envolvia o saco plástico e acomodar o sorvete na lata. Fico imaginando como seria essa história se eu tivesse mandado um assistente para as reuniões. Não sei se eu iria chegar à mesma conclusão lendo os relatórios que, posteriormente, seriam enviados para mim.

As latas de sorvete da Kibon viraram itens de colecionador. Na internet, é possível encontrar várias delas para comprar, inclusive algumas edições especiais decoradas com desenhos de artistas plásticos renomados, como Aldemir Martins.

> **O QUE APRENDI COM ESSA SITUAÇÃO**
>
> Ouvir o consumidor não significa fazer exatamente o que ele quer, porque, muitas vezes, ele mesmo não tem clareza sobre isso. É preciso saber interpretar — e esse é o segredo. É isso que vai dizer se a empresa comanda o mercado (*market driving*) ou é comandada por ele (*market driven*).

## CASE MUNDIAL

O refil fez as vendas aumentarem 24% em relação ao resultado do sorvete em lata, lançado dois anos antes e também um sucesso. Por conta disso, fui promovida a gerente de grupo de produtos em 1985 — eu tinha 28 anos. A General Foods publicava um relatório anual de resultados — e, até então, a Kibon tinha sido praticamente ignorada nesse documento durante 25 anos de controle, porque a operação brasileira não tinha relevância para o grupo. Naquele ano, porém, recebemos da matriz a solicitação de submetermos nossos *cases* de inovação para constarem no relatório anual. Peter Schreer, nosso presidente, enxergou na história do refil uma oportunidade de divulgar a Kibon para a operação mundial e me pediu que redigisse um texto sobre o projeto e os resultados alcançados.

Escrevi e ele enviou o documento para a matriz. Um dia, ligaram-me, dizendo que iriam me fotografar para o relatório. Informaram que o fotógrafo viria dos Estados Unidos. Argumentei que eu poderia contratar um profissional brasileiro e que bastava eles me orientarem sobre como deveriam ser as imagens. Não adiantou. Achei a iniciativa deles um tanto dispendiosa e só entendi o motivo depois, quando o fotógrafo e a equipe chegaram ao Brasil: eles queriam me fotografar para a capa do relatório anual! Pediram para eu posar com uma criança, porque achavam que sorvete remetia à família. Como eu ainda não tinha filhos, uma amiga me "emprestou" a dela. Nem preciso dizer que todos ficaram exultantes. E foi assim que a Kibon estreou em grande estilo no relatório anual da General Foods. Além disso, pela primeira vez, começamos a ser procurados por profissionais de marketing da matriz norte-americana interessados em trocar experiências.

# Dos 31 aos 45 anos

CONSOLIDANDO A CARREIRA

2

"

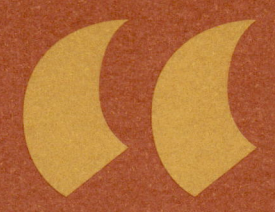

Eu não sou exigente,
eu me contento
com o melhor"

Winston Churchill,
ex-Primeiro-Ministro do Reino Unido

# Dos 31 aos 45 anos

## CONSOLIDANDO A CARREIRA

**2**

## O DIA EM QUE O ESKIBON SAIU DA CAIXINHA

No final da década de 1980, a Kibon estava no limite de sua capacidade de produção e, por conta disso, investiu na compra de uma moderna máquina de sorvete chamada Glacier. O sistema de produção Glacier incluía uma batedeira acoplada a um túnel de congelamento. No método tradicional, o sorvete saía da batedeira a uma temperatura de menos 30° C; na Glacier, a batedeira operava a 70° C negativos. A vantagem? O sorvete ficava mais firme e tomava forma, sendo finalizado por um bocal da máquina. Isso dava mais flexibilidade ao processo, pois a troca do bocal era mais rápida e mais barata do que a troca de todo um jogo de formas. Essa nova tecnologia e o sistema Glacier transformaram a linha de produção.

Logo nos demos conta de que, além de outros sorvetes de formatos especiais, essa nova linha poderia ser usada para o Eskibon. Com a Glacier, a caixinha de papelão da embalagem do Eskibon se tornava desnecessária. O primeiro produto da

Kibon, o mais tradicional, ainda era produzido em um sistema antigo e obsoleto. Nos anos 1980 ainda usava o mesmo método de produção dos anos 1940. Quando preparado na batedeira tradicional, o Eskibon tinha de ser colocado em moldes e, depois, passar por um tanque de salmoura para congelar, sem falar que os sorvetes eram embalados um a um, manualmente em um processo semiartesanal, à moda antiga mesmo. Com a Glacier, o Eskibon poderia ir direto para o *flow pack*, a mesma embalagem flexível usada nos picolés, que já contavam com maquinário mais atualizado. Foi um divisor de águas em nosso processo produtivo.

Antes de eliminar a caixinha, porém, fizemos uma pesquisa com os consumidores. Resposta: eles não aprovaram o relançamento do Eskibon sem a caixinha, que adoravam, aliás. Lembrando que esse sorvete, o mais antigo da Kibon, era apreciado por um consumidor mais adulto e mais velho. Por conta disso, meu chefe, o diretor de marketing à época, Dieter Zinner, optou por instalar uma estação manual adicional ao lado do bocal de saída da Glacier para o processo de embalagem. Apesar de não ser muito favorável a essa ideia, a hierarquia falou mais alto, já que eu era gerente e a pesquisa com os consumidores apontava o caminho que oferecia menos risco. Quando o diretor de operações, André G. Leite Filho, soube, chamou-me em sua sala e me desafiou: "Nós sempre temos que respeitar essas pesquisas? Porque, do ponto de vista do consumidor, entendo perfeitamente o que vocês querem fazer. A coragem de mudar não partirá do mercado. Agora, pensando pelo lado da empresa, em termos de manufatura, o que vocês estão me pedindo equivale a colocar uma roda de carroça em uma Ferrari".

Depois disso, fui conversar com o meu chefe novamente para ver se encontrávamos outra solução. O diretor de operações e eu tínhamos muita afinidade profissional e respeito mútuo, pois participávamos do mesmo grupo multifuncional naquelas rodadas estratégicas de inovação promovidas por Peter Schreer, nosso CEO. Ele sabia que teria um ponto de apoio em mim, mas me colocou em uma situação delicada. Embora estivesse certo, pois tínhamos investido para mudar o patamar de produtividade e modernidade na manufatura, as pesquisas indicavam que deveríamos continuar com o processo de embalagem semiartesanal. No final das contas, apesar de não se sentir seguro, meu chefe, pressionado, decidiu assumir comigo o risco de lançar o Eskibon em *flow pack*.

Hoje, analisando o que fizemos com o Eskibon à luz de tudo o que aprendi ao longo da carreira, optaria por fazer uma transição mais suave, em vez de mudar radicalmente a embalagem como fizemos. Pulamos etapas, porque não havia tempo nem dinheiro. Foi uma decisão puramente gerencial, pensamos no que era melhor para o *business*. Bancamos o risco, fomos ousados. Felizmente, deu tudo certo e não perdemos vendas. Ao contrário, aliás.

> ### O QUE APRENDI COM ESSA SITUAÇÃO
>
> **As pesquisas de mercado são importantes como instrumentos para orientar decisões. No entanto, trazem informações sobre o que o consumidor já conhece, ele não consegue enxergar avanços tecnológicos, inovações. O que aprendemos com a indústria de tecnologia hoje é fazer uso da prototipagem no lançamento de produtos: faz-se um MVP (*minimal viable product*), coloca-se no mercado, leem-se os resultados obtidos, e vai-se lapidando a cada nova versão. Isso é possível em produtos de consumo e de tecnologia. É a pesquisa de mercado feita em tempo real.**

## NADANDO COM OS TUBARÕES

O ano de 1989 trouxe mudanças importantes na minha vida pessoal e profissional. Fui recrutada pela Gessy Lever para gerenciar o marketing de *Food and Drinks*, uma das áreas da Van den Bergh, divisão de alimentos da companhia. Quando recebi o convite, estava com oito meses de gravidez.

No início, estranhei o clima competitivo da Gessy, porque, no geral, havia muita camaradagem na Kibon. A Van den Bergh tinha quatro gerentes de marketing: um cuidava de queijos; outro de margarinas, o maior negócio da divisão; um terceiro era responsável por operações de vendas; e eu gerenciava *Food and Drinks*, que incluía maionese, chás, creme de amendoim e um projeto na área de tomate (a Cica foi comprada algum tempo depois). Esses três gerentes tinham bastante tempo de casa, haviam crescido no "mundo Gessy Lever". Acredito que não tenham me visto com bons olhos, porque cheguei com um cargo alto e pós-gravidez, ainda por cima. A única mulher no meio de vários gerentes que almejavam ser diretores. A empresa era muito maior do que a Kibon e lá o jogo era mais agressivo. Foi um bom treino.

## O PERIGO MORA AO LADO

Naquele tempo, a Gessy Lever tinha uma estrutura de coordenação global muito interessante. Antes da aposentadoria, executivos sêniores se tornavam coordenadores. A ideia é que esses profissionais passassem dois anos visitando as várias subsidiárias no mundo para dividir seu conhecimento e experiências. O programa era um sucesso!

Um desses coordenadores veio ao Brasil antes de se aposentar. Ele tinha uma ligação especial conosco, já que havia participado ativamente da elaboração da estratégia de margarinas. Nosso CEO me incumbiu de comprar um presente de agradecimento. Imaginem minha situação: eu era recém-chegada, nem sequer conhecia o tal coordenador e não tinha a menor ideia do que escolher. Por sugestão de um colega, um dos outros gerentes de marketing da Van den Bergh, que era meu par (um sujeito muito competitivo, aliás), acabei optando por um enfeite de pedra brasileira. Fomos juntos à loja e ele me ajudou a escolher. Compramos uma bela ametista bruta decorativa, uma das maiores pedras que havia no local. Meu colega me garantiu que o coordenador tinha uma coleção de pedras brasileiras e que aquele seria o presente ideal.

De fato, o coordenador adorou a pedra, mas o CEO da divisão ficou muito irritado: "Deborah, onde você está com a cabeça? Essa pedra deve pesar mais de cinco quilos! Como é que o coordenador vai carregar isso?" Ele me disse para arrumar um jeito de despachar a pedra para a Holanda, país natal do coordenador. De fato, não faria sentido algum o coordenador, um senhor já de idade, carregar aquele trambolho no avião.

Fiquei nervosa, pensando como resolver o assunto. Ao sair da sala, esbarrei no tal colega, que entrou para conversar com o presidente. Sem querer, ouvi parte da conversa: "Eu avisei a ela que parecia exagerado, mas não adiantou". Fiquei passada com essa atitude e irritada comigo mesma, pois tinha acreditado nele sem pesquisar que tipo de presente seria mais adequado. Hoje, não seria tão ingênua. O caso é que nunca passou pela minha cabeça que alguém fosse capaz de agir daquela forma.

O envio da pedra para a Holanda foi uma novela, mas, graças às minhas boas relações com a área de compras, deu tudo certo. Quanto ao tal gerente, decidi colocar lenha na fogueira e fiz uma coisa que é totalmente contra meus princípios: contei a história para o meu chefe direto, o diretor de marketing, e pedi a ele que comentasse com o presidente. Não sei se ele chegou a fazer isso, mas o simples fato de falar com alguém sobre o assunto aliviou minha revolta. Dali em diante, fiquei mais esperta. Não adianta, seres humanos são competitivos e atitudes assim são relativamente comuns em grandes organizações.

## ONE OF THE GUYS

Durante minha trajetória profissional, eu me acostumei com o fato de ser a única mulher. Na Gessy Lever, eu estava sozinha no meio de vários outros executivos. Para lidar com isso, adotei o modelo masculino de liderança, já que a minha geração não tinha um *role model* feminino.

Sou assertiva, competitiva e objetiva desde sempre — uma parte disso tem a ver com a minha personalidade e com a educação que recebi. A outra é treino, uma persona que eu criei para transitar no mundo corporativo — e essa parte vai contra a minha natureza feminina. Houve vários momentos em que tive vontade de sair correndo para chorar na minha sala, mas isso seria visto como sinal de fraqueza. Sem falar que os homens costumam ficar totalmente paralisados diante de uma mulher chorando. Então, quanto mais eu subia na carreira, mais dura eu me tornava. Com isso, meus colegas não faziam distinção pelo fato de eu ser mulher. Sempre fui tratada como *one of the guys*.

Anos depois, já no Grupo Abril, Roberto Civita, então dono da empresa, disse-me à queima-roupa com aquele sotaque de quem não tinha o português como primeira língua: "Deborah, você é muito séria. Precisa aprender a sorrir mais". Eu respondi que não teria chegado aonde cheguei na carreira se tivesse mostrado minhas características femininas. Ele se surpreendeu e pediu desculpas. Havia uma expectativa dele sobre o comportamento feminino e eu agia de acordo com o ambiente corporativo em que cresci.

## MARCA REGISTRADA

Com o tempo, passei a encarar o fato de ser mulher como vantagem competitiva. Um colega chamou minha atenção para isso durante uma reunião internacional (eu viajava muito a trabalho): "O inglês fluente a coloca na frente dos outros, assim como o fato de ser a única mulher. De quem você acha que eles vão se lembrar?". Mais de uma vez fui colocada ao lado do primeiro executivo visitante internacional das empresas em que trabalhei. E eu fazia a lição de casa, estudando muito bem não só a organização, mas também os desafios que o CEO em questão tinha pela frente. Deixava a minha marca e causava uma boa impressão fazendo perguntas e colocações instigantes.

## REI DO CARNAVAL

Durante a carreira, assisti a várias palestras de personalidades, políticos e executivos renomados. A maior parte das empresas em que trabalhei promovia esses eventos para seus executivos a fim de passar conceitos sobre liderança, gestão, estratégia etc. Uma palestra que me marcou bastante foi a do carnavalesco Joãozinho Trinta, que faleceu em 2013. Entre outras coisas, ele nos mostrou por que criar e organizar um desfile de Carnaval tem tudo a ver com liderança. "É o melhor exercício para um líder", disse. E desenvolveu o raciocínio: "Pensem que uma escola de samba inclui duas, três mil pessoas que têm pouco mais de uma hora para encantar público e jurados. O objetivo é claro: tirar as maiores notas para evitar que a escola seja rebaixada, o que pode prejudicar o patrocínio para o próximo ano. Trabalho em equipe é fundamental, cada um entrega sua parte e entende que é o elo de uma corrente".

Joãozinho também compartilhou outras histórias de que me lembro até hoje: uma sobre como a atitude do líder tem influência sobre o time e outra sobre a importância de cuidar de todos os integrantes da equipe. Certa vez, contou, ele apresentou o tema do Carnaval para o pessoal da escola e estranhou a reação, que foi muito fria. Descobriu por que quando um dos membros comentou que o roteiro não estava à altura de sua criatividade: "Todas as vezes que você nos conta o que pretende fazer, a gente não entende muito bem, mas acaba ficando maravilhoso. O problema é que hoje entendemos logo de cara". Joãozinho reconheceu que o enredo estava morno e retomou a criação.

> Ainda no capítulo palestras sobre liderança que me marcaram, assisti também à apresentação de um general do Exército dos Estados Unidos — infelizmente, não me recordo o nome dele. Esse general havia servido na Guerra do Vietnã e em outros conflitos e falou sobre sua experiência no campo de batalha, em que a meta é sair vivo e proteger quem luta ao seu lado — não importa a patente. "Muitos oficiais de patente superior morrem no campo de batalha com um tiro nas costas. Sei que esse é um exemplo terrível, muito contundente, e que, no dia a dia de vocês, estamos falando de perdas de dinheiro, no máximo, e não de vidas. Mesmo assim convido vocês a pensar quantos tiros nas costas já levaram hoje", questionou. E continuou: "Seus subordinados 'atiram' em líderes indiferentes ou quando trabalham burocraticamente, sem entender os porquês".

Outra grande sacada de Joãozinho foi desenhar ele mesmo a camiseta dos homens que empurram os carros alegóricos e convocar uma reunião para entregar as peças pessoalmente. Nessas ocasiões, ele nos contou, dizia algo assim: "Vocês são tão importantes quanto qualquer outro membro da escola. De que adianta a gente ter um belo destaque se o carro não andar no ritmo certo, comprometendo o desfile?". Claro que esse gesto contribuía muito para aumentar a lealdade e o entusiasmo das pessoas. Joãozinho também frisou a importância da ala das baianas. "A fantasia delas não está à venda. Só podem ser baianas as mulheres da comunidade que têm mais de 50 anos. Vocês não sabem como é sofrida a vida que elas levam. Muitas apanham do marido, sustentam a família e têm filhos assassinados pelo tráfico. Eu dou para essas mulheres a chance de esquecer um pouco essa tristeza toda". Achei isso sensacional, porque significa que ele se preocupava com essas mulheres, que se interessava pela história delas — ou seja, exatamente o que um bom líder deve fazer pelo time.

> Líder precisa se comportar bem sempre. Os líderes não podem estar em um dia ruim, principalmente nos dias ruins"
>
> Tom Peters, economista e escritor norte-americano

## MATERNIDADE

Tenho três filhos: dois enteados, Livy e Carlos Eduardo, e a Jessica, minha filha com o Zé. Sempre encarei longas jornadas de trabalho, principalmente quando assumia cargos novos. Do nascimento da Jessica até os 40 anos aproximadamente minha vida se resumia a trabalhar durante a semana e ficar com a família aos sábados e domingos. Foi uma fase em que abri mão de mim mesma, não me cuidava, não fazia exercícios nem me preocupava com a saúde.

Para dar conta de tudo, tive a sorte de contar com pessoas que me ajudavam a me organizar da melhor maneira possível. Mesmo assim, de vez em quando, as coisas se complicavam em casa. Houve épocas em que viajava para os Estados Unidos a cada dois meses e a Jessica sempre ficava doente quando eu estava fora. Isso sobrecarregava o Zé, que sempre foi um grande companheiro e me apoiava muito mais que a maioria de outros maridos que eu conhecia. Ele sugeriu que eu contasse sobre as viagens para a Jessica somente na última hora, quando estivesse saindo para o aeroporto. Deu certo! Sempre digo para as mulheres que querem ser mães e fazer carreira: encontrem um companheiro que assuma o desafio de formar uma família com vocês.

## GENEROSIDADE

Olhando em retrospectiva, acho que foi uma insanidade trocar de emprego estando grávida. Precisei me acostumar a essas duas novas realidades ao mesmo tempo. Lembro-me de uma situação, quando eu ainda amamentava, em que começou a vazar leite, o que manchou a minha blusa. Eu me desesperei porque ia entrar numa reunião só com homens, naquela formalidade que era típica da Gessy Lever. Para esconder o desastre, vesti um casaco no maior calor. Eu me torturei por acreditar que não tinha outra solução. Hoje, vejo que eu poderia ter avisado a secretária do meu chefe sobre o que estava acontecendo e ter ido para casa. A gente tem que aprender a exigir menos de nós mesmas em certos momentos, a sermos mais generosas conosco.

Algum tempo depois que a Jessica nasceu, considerei ter outro filho. Acabei desistindo definitivamente da ideia durante um treinamento da Gessy Lever, em Londres. Como de costume, eu era a única representante do sexo feminino naquele fórum. Em determinado momento, o vice-presidente global de RH, ao ser questionado sobre a baixa representatividade feminina em cargos altos, comentou que as executivas voltavam para o trabalho depois da primeira gravidez, mas que a empresa perdia 100% delas após o segundo filho. Se eu me arrependo? Não, porque não sou de me arrepender. Acho que fui coerente com o meu momento, pois queria investir na carreira. Mas já me peguei pensando em como teria sido minha vida e minha carreira se tivesse tido mais filhos.

## SEGUNDO TEMPO NA KIBON

Voltei para a Kibon em 1991 como diretora de marketing, a convite do Cardoso, então presidente. Quando avisei na Unilever que iria sair foi uma decepção, porque eu fazia parte da lista de profissionais de alto potencial, como a área de recursos humanos classificava os talentos da empresa. Foi o próprio Aprile (Umberto Carlos Cesare Aprile presidiu a empresa de 1986 a 2000) quem fez minha entrevista de desligamento. Fomos almoçar e ele lamentou a minha saída porque eu vinha apresentando bons resultados. Disse que a empresa tinha planos para mim. Eu respondi que tinha uma oferta para ser diretora de marketing. Aprile, então, ressaltou: "Mas você será diretora de marketing aqui também! Seu caminho está desenhado para isso". Argumentei que ele estava me falando sobre uma possibilidade no futuro e que eu havia recebido uma proposta para me tornar diretora de marketing imediatamente. Eu tinha 34 anos e estava em uma fase da vida em que a oferta financeira também era relevante. E voltar para a Kibon era como voltar para casa, eu conhecia todo mundo, tinha paixão pela empresa. Além disso, eu não sabia na ocasião, mas estava quebrando um telhado de vidro ao ser a primeira mulher a assumir uma diretoria na Kibon.

Acredito que tomei a decisão certa, pois em 1994 assumi a vice-presidência de marketing e vendas. Era um sinal claro de Peter Schreer, presidente global para a América Latina, de que eu estava sendo treinada para cargos maiores. Até então, eu tinha feito uma carreira vertical na área de marketing e havia chegado ao cargo mais alto. Ao assumir também a área de vendas, entrei em contato com outra realidade: ver como o planejamento feito pelo marketing acontece na vida real. Na verdade, esse cargo não existia na empresa — Schreer juntou as duas áreas e as entregou para mim. A mensagem implícita era: dependendo de sua performance, você vai entrar na linha de sucessão para assumir a presidência da Kibon no Brasil.

## PICOLÉ DE CHUCHU

Nem todos os lançamentos que eu liderei foram tão bem-sucedidos como o da embalagem das coberturas ou o do refil de sorvete. Em 1982, apostei no lançamento de um picolé de pera. Defendi a ideia e lancei o produto... que foi um fracasso total. Era sem graça e sem sabor.

Por isso, quando alguns anos depois Bruno Francisco, gerente de produto que conheci na Gessy Lever e que havia convidado para trabalhar comigo na Kibon, surgiu com a proposta de lançar um picolé de kiwi, eu fiquei muito receosa. Achava que seria uma repetição da minha história com o sabor pera. Mesmo assim, o Bruno não se deu por vencido e insistiu, dizendo que só aceitaria um "não" depois que eu experimentasse o tal picolé. Ele sabia o que estava dizendo, porque bastou uma mordida para eu perceber que o picolé era maravilhoso, não só no sabor, meio azedinho e muito refrescante, mas também no visual: um tom de verde bem vivo.

Uma vez que eu estava convencida, era necessário convencer também o Cardoso, nosso presidente. Propus que a gente lançasse dois sabores: manga e kiwi. Assim como eu, Cardoso achou a ideia do picolé de kiwi completamente sem sentido. Eu, então, aleguei que minha reação havia sido exatamente a mesma e que ele precisava experimentar antes de responder. Cardoso adorou o picolé e autorizou o lançamento, não sem antes reforçar que eu precisaria controlar o estoque. "Não quero ouvir dizer que temos meio milhão de caixas sobrando", avisou. Depois de Cardoso, nosso próximo passo foi convencer os distribuidores, o que, como vocês irão descobrir daqui a pouco, também não foi fácil.

O OUTRO LADO

# Ela briga pelo time

Depoimento de Bruno Francisco, vice-presidente de marketing e vendas da Forno de Minas/ McCain

Eu conheci a Deborah no início de carreira, na Gessy Lever, atual Unilever. Eu era trainee na área de alimentos e ela foi minha chefe. Ainda me lembro de um feedback que ela me deu e que continua útil na minha vida. Certa vez, o diretor criticou um projeto que eu estava tocando. Eu levei para o lado pessoal, fiquei chateado, quis retrucar. Depois da reunião, a Deborah disse: "Bruno, você tem que vender com paixão, mas não pode perder a cabeça. Ele é o diretor de marketing, tem mais experiência, você tem que ouvir". E é incrível porque, quando derrapo no excesso de paixão, ouço a voz dela: "Vende com paixão, mas também ouve. Nada é pessoal".

Quando ela voltou para a Kibon como diretora de marketing, fez-me uma oferta para ir junto. Não fui por dinheiro nem por promoção, mas por causa dela. E os cinco anos em que fiquei lá, boa parte sob sua liderança, foram os melhores anos da minha vida profissional na área de marketing. Tudo que a gente fala hoje de dor de dono e fazer acontecer, a Kibon e a Deborah já tinham há 25 anos. A gente fazia e acontecia, lançava trinta, quarenta produtos por ano — a metade não dava certo, mas ninguém ficava caçando as bruxas ou fazendo análises de *powerpoint* enormes. A gente aprendia e seguia em frente.

    Eu era gerente de produto e cuidava, entre outros, dos picolés Fruttare e do Chicabon. Todo verão, fazíamos vários lançamentos. Um dia, tive a ideia para o picolé de kiwi. A fruta estava na moda, era novidade no Brasil. Eu conversei com o pessoal de pesquisa e desenvolvimento e fiz um pedido: "Tem que ser com semente, por favor". Um pesquisador gostou da ideia e foi à feira comprar a fruta. Quando a Deborah provou o picolé, adorou. Já o Cardoso experimentou com certo ceticismo, mas deu carta branca para seguirmos. Compramos toneladas de kiwi no Chile e em três meses o produto foi lançado. Ele foi um sucesso de vendas e, por dois anos, vendeu mais que o Chicabon, que era o carro-chefe da empresa. O kiwi é um ótimo exemplo de como os líderes podem dar espaço para as pessoas executarem o que elas acreditam.

    A Deborah é daqueles líderes que nos levam a lugares aonde sozinhos não iríamos. Uma de suas características fortes é a capacidade de ouvir o time. Ela realmente interage, não escuta apenas por educação. Outra característica é fazer as coisas acontecerem. Ela vende a ideia com muita paixão, briga pelo time. A analogia que eu uso para descrevê-la é de um "trator", mas não no sentido negativo; ela é um trator no qual você vai junto passando por cima dos obstáculos. Ela tinha opiniões muito claras, muito fortes, é assertiva, mas sem perder o sorriso, sem perder a energia positiva. Atualmente, sou *coach* de pessoas mais novas como forma de retribuir o benefício de ter trabalhado com líderes como ela.

## SHOW DE LANÇAMENTOS

Todo verão, lançávamos um novo sabor de picolé, que fazia parte do chamado "plano de verão" em que a equipe de marketing visitava as filiais de vendas e os distribuidores que atuavam em todo o país. São Paulo era a primeira praça; depois, vinham Rio de Janeiro, Belo Horizonte, Porto Alegre e outras capitais; em seguida, era a vez de algumas cidades do interior.

Os distribuidores eram chamados para o lançamento, mas a equipe deles, geralmente, não. Acontece que, para a estratégia de vendas funcionar, era necessário que o pessoal lá na ponta estivesse engajado. Isso era um desafio para nós, porque nos deixava à mercê da comunicação dos distribuidores com suas equipes de venda. Outro gargalo era o tamanho do país, já que as novidades chegavam primeiro às grandes capitais. Muitas vezes, a diferença de *timing* podia chegar a um mês. Ou seja, ao promover o lançamento em fases, estávamos, no fundo, perdendo vendas.

Por isso, começamos a pensar em um jeito de lançar os produtos simultaneamente em todo o país para que as equipes das filiais e dos distribuidores estivessem na "mesma página". Como sempre fui focada em inovação, estimulava minha equipe a fazer o mesmo e eles viviam me propondo ideias originais e ousadas. Em uma dessas vezes, eles descobriram que a Embratel tinha salas de reunião virtuais (os primórdios da videoconferência) em várias capitais brasileiras. Decidimos, então, fazer um programa em um auditório da Embratel em São Paulo e transmiti-lo ao vivo para as outras cidades. Tinha a produção e o cuidado de um programa de televisão. Deu muito certo! Claudia Jimenez (atriz e humorista, falecida em 2022) foi a primeira mestre de cerimônias. Entre um esquete de humor e outro, Claudia passava as informações sobre os lançamentos e a gente abria o canal de voz para que os vendedores das outras cidades esclarecessem suas dúvidas. O formato era bem dinâmico. "Plantamos" algumas perguntas para estimular a plateia, expediente que se revelou desnecessário já a partir do segundo programa, porque o pessoal participava bastante.

## UM VERDADEIRO BEST-SELLER

Em meados da década de 1990, quando lançamos o picolé de kiwi, Marisa Orth (atriz, cantora e humorista) foi nossa mestre de cerimônias. Ela interpretava Lady Kiwi e surgia no palco toda vestida de verde, inclusive a peruca, em um estilo meio oriental. Foi sensacional! Mas, mesmo com a introdução que fizemos antes do show de Marisa, falando sobre o sabor refrescante e as propriedades nutritivas do kiwi, a reação da plateia foi, para fazer um trocadilho, gelada. Eu, então, disse para o diretor de vendas: "Os distribuidores devem se comprometer a colocar pelo menos duas caixas por ponto de venda". Era necessário garantir essa primeira distribuição para conseguir a experimentação e fazer o produto emplacar.

Pois o picolé de kiwi caiu no gosto do público! Tanto que, depois, a gente não conseguia tirar esse sabor de linha. A renovação de sabores de fruta anualmente era parte da estratégia de verão. A novidade estimulava o consumo e a experimentação era garantida. Foi uma briga para descontinuar o picolé de kiwi na produção. Para se ter uma ideia, a Kibon também vendia picolé nos estádios de futebol. Os ambulantes passavam no meio do público com caixas de isopor e, como essas caixas eram pequenas, levavam apenas os três sabores que mais vendiam: Chicabon, que sempre foi um clássico, limão e uma terceira opção. O sucesso do picolé de kiwi foi tão grande que ele foi para os estádios e ficou em linha durante dois anos, algo incomum para sabores de verão.

O fato de o kiwi ser uma fruta exótica e deliciosa tanto *in natura* quanto no picolé atiçou a curiosidade das pessoas.

Apesar das reações negativas iniciais unânimes ao conceito de um picolé de kiwi, o produto ultrapassou as expectativas. O mercado, no final, é soberano e, em alimentos, o sabor é fator crítico de sucesso. Preciso destacar também que Bruno Francisco brigou pelo produto e foi responsável por todo o lançamento. Sua determinação foi reconhecida com um prêmio de inovação.

## A FRUTA DA VEZ

O picolé de kiwi respondia à nossa necessidade de renovação de sabores no verão. Com o sucesso, porém, criou-nos um problema na gestão do mix de produtos. A conservadora, que é como se chama a geladeira dos pontos de venda, não é elástica, ou seja, para lançar um novo sabor de sorvete, você precisa tirar outro de linha. Além de levar isso em conta, também é preciso fazer um estudo de maximização de vendas, procurando um mix ideal de produtos para cada época do ano.

Todo verão, a gente lançava dois novos picolés da linha Fruttare, marca utilizada para traduzir o antigo conceito de suco de frutas no palito: um com sabor diferente e outro que tinha sido sucesso de vendas em anos anteriores. Manga, abacaxi e tangerina, por exemplo, eram sabores que voltavam sempre. Durante o ano, ficavam fixos na linha Fruttare os sabores coco, uva e limão; além deles, o Chicabon, que nunca saía de linha, e um picolé de fruta e leite, mais cremoso, como o de morango. O picolé de kiwi ficou fixo por alguns anos, desafiando-nos na organização das conservadoras nos pontos de venda. Tradicionalmente, as caixas de embalagem eram usadas como expositores nos freezers. Constatamos que, em outros países, a exposição dos picolés era feita em cestas aramadas. Para dar maior flexibilidade ao mix, adotamos essa solução em alguns pontos com maior volume de venda.

## TIME ESTRELADO

Criadas pelos melhores profissionais do mercado publicitário, as campanhas da Kibon para a TV eram cinematográficas, diferenciadas — muitas premiadas e produzidas por talentosos diretores de cinema. Algumas chegaram a ganhar prêmios em Cannes, concorrendo com outros filmes publicitários internacionais, que tinham um orçamento de produção bem maior. Entre esses talentos, destaco:

— João Daniel Tikhomiroff, cineasta e produtor carioca, produziu as campanhas mais extraordinárias do conceito "suco de frutas no palito". O filme *Miragem* mostrava um homem no deserto que encontrava uma garota na frente de uma conservadora da Kibon. Para a pergunta "tem picolé?", ela respondia: "Não, tenho suco de frutas no palito". Outra campanha *à la* Indiana Jones mostrava o personagem atravessando uma ponte pênsil construída pelo Exército Brasileiro em Descalvado, interior de São Paulo. Ao chegar do outro lado, repetia-se a mesma cena do filme anterior.

— Dodi (Dorian) Taterka (cineasta e publicitário) produziu campanhas memoráveis. Caso dos filmes de comemoração dos 50 anos de Chicabon, em 1992, que traziam a história de um casal de adolescentes que ia ao cinema e, em seguida, saía para tomar sorvete. Um clássico, pois contava a mesma história pelo olhar feminino e pelo masculino! Em um dos filmes, a menina contava como os dois tinham se conhecido; no outro, o menino dava a sua versão. Tudo com o mote "Chicabon faz parte da sua história".

— Flávia Moraes (cineasta gaúcha) assinou a campanha de lançamento do picolé de kiwi Fruttare. Um filme genial que contava também com dois personagens especiais: um elefante e um rato feitos de palitos de picolé. Durante muito tempo, eu mantive em minha sala a escultura dos dois personagens, um presente que a Flávia me deu.

— Ricardo van Steen (cineasta, fotógrafo e artista gráfico paulistano) produziu uma campanha linda para o Gurty, produto que era meio sorvete, meio iogurte, mas que acabou não dando certo. Eu dizia que o Gurty tinha herdado as piores características de seus pais — e que não havia saído como planejado: gostoso como sorvete e saudável como iogurte, mas o consumidor achou o contrário.

==Em várias campanhas da Kibon para a TV, principalmente de Dodi Taterka, usamos o conceito de *storytelling*, décadas antes de ele virar moda. Naquela época, a Kibon já fazia campanhas que falavam sobre a experiência do consumidor e que mostravam como o sorvete se encaixava na vida das pessoas.==

## QUEM MUITO CONTA OS TOSTÕES...

A sede da Kibon, em São Paulo, tinha duas entradas: uma principal para visitantes e funcionários em geral, que ficava na rua Santo Arcádio, no Brooklin (bairro da Zona Sul de São Paulo), e a entrada industrial por onde chegavam os caminhões com as matérias-primas utilizadas na fabricação dos sorvetes, entre outros materiais. Gerentes e diretores entravam com seus automóveis, pois havia estacionamento na empresa.

Os demais funcionários entravam a pé e usavam a portaria da Santo Arcádio e, diariamente, eram revistados na saída. As colaboradoras, especialmente, ressentiam-se muito com isso, ficavam constrangidas de ter que despejar o conteúdo da bolsa em uma bancada todo santo dia. Era uma medida de segurança antiquada, que lembrava uma revista de aeroporto. As funcionárias sentiam que, depois de tanto tempo de casa, a empresa ainda não confiava nelas. Empregávamos muitas mulheres na produção de sorvete e, de fato, muitas estavam há mais de dez anos na empresa. E elas já tinham percebido que as coisas eram diferentes com gerentes e diretores (só nossos carros eram revistados e isso acontecia de forma randômica), o que só contribuía para aumentar o mal-estar.

A essa altura, eu já tinha começado um projeto de *empowerment* com as pessoas, ouvi as funcionárias e resolvi levar o tema para as reuniões da diretoria: "Vamos pensar: o que elas poderiam levar na bolsa? Um quilo de açúcar? Porque só conseguiriam levar sorvete se tivessem algum recipiente térmico, o que não parece ser o caso", argumentava. Para mim, revistar os funcionários não fazia mais o menor sentido — até porque a Kibon vendia sorvete na lojinha de funcionários com preço diferenciado. Depois de muita deliberação, consegui fazer minha ideia prevalecer e todos nos livramos do incômodo.

Dois ou três meses mais tarde, vejam como a vida pode ser irônica, detectou-se uma diferença relevante no estoque de matéria-prima: estavam faltando duas toneladas de açúcar! Foi uma discussão enorme, que envolveu o diretor financeiro, o de operações etc. Como tivemos que reconhecer o prejuízo, foi necessário reportar o fato à matriz, fazer Boletim de Ocorrência... Eu me lembro de ter ficado muito impactada quando soube do ocorrido. É aquela história: quem muito conta os tostões, não vê os milhões. Enquanto revistávamos a bolsa de nossas funcionárias, não percebemos que estávamos sendo roubados por uma gangue criminosa, que já havia, inclusive, agido em outras empresas da região.

## REPUTAÇÃO NÃO TEM PREÇO

Colecionei muitas histórias curiosas ao longo da carreira. Uma delas aconteceu por conta de uma promoção do Palito Premiado. A ideia, como o próprio nome indica, era fazer o consumidor trocar os palitos premiados dos picolés por outro picolé, patins, bicicletas... e alguns prêmios mais valiosos.

Certo dia, recebi uma ligação da portaria, avisando que um senhor e um garoto estavam aguardando para falar com a diretora de marketing, pois tinham um palito para trocar e gostariam de resgatar o prêmio. Eu sugeri que procurassem a pessoa responsável na área de promoções de vendas. Eles insistiram em falar com a diretora de marketing pessoalmente. Diante da argumentação enfática, acabei cedendo e pedi que os dois viessem à minha sala. O tal senhor se apresentou e disse: "Nós adoramos o sorvete da Kibon. Meu neto gosta das promoções e eu fiz questão de vir até aqui, porque você precisa ver este palito". No palito, escrito à caneta e com uma letra rabiscada havia uma expressão de baixo calão: "Vale uma ...". Eu fiquei muito constrangida, mas o senhor foi logo me tranquilizando: "Isso, claramente, não veio de vocês. Deve ser algum funcionário que não está satisfeito. Mas eu vim aqui porque minha família gosta muito da Kibon". Vejam a importância de ter uma boa reputação, de ter uma imagem séria junto ao consumidor. Imagine se esse consumidor tivesse ido aos jornais?

Nunca conseguimos encontrar o culpado. O funcionário insatisfeito conseguiu furar todos os processos de controle de qualidade. Atribuímos o fato à contratação de temporários que trabalhavam no turno da noite, medida necessária nos meses de verão a fim de aumentar a produção. Essas pessoas não tinham apego à empresa como nossos colaboradores, a maioria com muitos anos de casa.

> "São necessários vinte anos para construir uma boa reputação e apenas cinco minutos para destruí-la"
>
> **Warren Buffett,**
> **megainvestidor norte-americano**

> **O QUE APRENDI COM ESSA SITUAÇÃO**
>
> Em uma situação em que o consumidor aponta alguma falha da empresa, a organização deve se desculpar e fazer o que considera justo. Na história que relatei, por exemplo, não era o caso de dar um mês de sorvete grátis à família, porque ficaria parecendo confissão de culpa e uma tentativa de comprar o consumidor. O certo é fazer algo simpático em retribuição, uma troca simbólica e justa. Às vezes, o consumidor apenas quer ser ouvido por alguém com alguma autoridade.

## NO OLHO DO FURACÃO

Quando assumi a Q-Refresco, em 1995, tornei-me a primeira mulher na Philip Morris International a ser nomeada presidente. Nos Estados Unidos, havia mulheres na liderança de empresas do grupo, mas nos outros países, naquele momento ainda não — eu fui a primeira! Minha estreia se deu também em todas as listas de diversidade.

Tudo isso aconteceu em meio a uma crise na Q-Refresco: um suposto caso de espionagem industrial envolvendo três diretores, o que culminou com um posterior pedido de demissão do gerente geral. Um dia, Richard Sucre, presidente do grupo Philip Morris no Brasil na época, chamou-me em sua sala e disse: "Parabéns! Você vai ser a nova presidente da Q-Refresco!". Eu havia ficado pouco mais de um ano como vice-presidente de marketing e vendas na Kibon.

Estávamos falando de uma companhia com dois mil funcionários, três fábricas e faturamento anual na casa dos US$ 220 milhões que vinha perdendo *share* no mercado de refrescos em pó. Uma de minhas primeiras medidas foi mudar o nome para Kraft Suchard Foods. A Philip Morris havia reassumido o controle acionário da empresa e o nome Q-Refresco acabou ganhando uma imagem negativa no mercado por conta da história de espionagem industrial. Transformar aquela companhia e fazê--la crescer novamente foi uma das coisas mais difíceis e mais maravilhosas que já fiz em toda a minha carreira. Ninguém tem ideia do quanto trabalhamos, das coisas por que passamos. Enfrentamos todo tipo de desafio: modernizamos o sistema operacional, trouxemos gente nova, mudamos tudo! Lançamos o chocolate Milka e o refresco Clight. Se houve uma empresa em que eu pude mostrar toda a minha capacidade de liderança, essa empresa foi a Suchard.

## FULL-TIME JOB

Richard Sucre tinha um ritmo de trabalho frenético, era exigente, mas eu o admirava muito. Todo domingo, sempre às 21 horas, ele me ligava em casa (não havia celular naquele tempo). Várias vezes era para falar sobre suas incursões em supermercados no final de semana, o posicionamento de nossas marcas nas gôndolas e o que ele queria que fosse corrigido. Nós viajávamos muito para Nova York a trabalho e, como eu era a mais júnior da equipe dele, ganhei o "privilégio" de viajar na poltrona a seu lado. O grande problema é que Sucre só precisava de quatro horas de sono. O avião no maior silêncio, todo mundo dormindo e ele acendia a luz do seu assento para trabalhar.

Minha equipe direta na Suchard era muito boa: éramos todos jovens e todos estreando como diretores e eu como presidente. Sucre teve visão ao nos escolher. Quando ele me comunicou que eu iria assumir o comando da Q-Refresco, comentei: "Você sabe que está me dando um casaco que é muito grande para mim". A resposta de Sucre: "Vista assim mesmo e trabalhe como sempre, que, quando você menos esperar, ele vai ter se tornado pequeno para seu novo tamanho".

## PODER NÃO SE DELEGA

Fizemos um lindo trabalho de *empowerment* na Suchard. Entre as nossas referências estavam os conceitos que Peter Block (autor, palestrante e consultor norte-americano) passou em seu livro *The Empowered Manager: Positive Political Skills at Work*. Para Block, *empowerment* é uma técnica de gestão que facilita a construção de uma organização de alta performance. É particularmente eficaz na média gerência. Dizer que você delega poder para alguém é uma falácia — essa é uma das teses que Block defende em seu livro e em que eu acredito totalmente. Por exemplo: autorizar seu subordinado a aprovar orçamentos de determinado valor é delegar alçada, não poder. Poder vem da pessoa, é individual, tem a ver com assumir o controle da situação e acreditar que se pode fazer a diferença — algo que independe de cargo.

## EM BUSCA DE AUTONOMIA

Para ser verdadeiramente empoderado, você terá que se tornar um gestor/gerente independente e modificar a sua organização para adaptá-la às suas necessidades. Em *The Empowered Manager*, Block endereça a questão de como utilizar política positiva, visão e autonomia para criar uma organização em que verdadeiramente se possa trabalhar de forma a desenvolver o seu pleno potencial.

## Saiu na mídia

"Deborah chegou dizendo que ia derrubar as paredes", diz Timothy Altaffer, diretor de marketing da empresa (Kraft Suchard Foods). Logo nos primeiros dias de trabalho, ela chamou um a um os diretores da empresa e avisou: "A partir de agora, nenhum projeto sairá das pranchetas sem o conhecimento de toda a equipe".

Outra marca de seu estilo de gestão é o estímulo à participação. É o terreno ideal, diz ela, para a inovação. Por isso, Deborah faz questão de acompanhar de perto o programa de estágio e de trainees da empresa. "Eles não temem a hierarquia", diz. "Falam exatamente o que pensam sobre as qualidades e os defeitos da corporação."

Trecho da reportagem *Batom no Poder*, de Cláudia Vassallo, sobre quando Deborah assumiu a gerência geral da Kraft Suchard Foods, uma das subsidiárias da Philip Morris International (revista EXAME, edição 588, nº 15, 19/07/1995).

Nesse livro, Block introduz a estratégia que gestores podem utilizar para evitar que forças organizacionais "incontroláveis" permitam que as pessoas se escondam atrás da burocracia e da hierarquia. Isso leva a uma falta de capacidade de decisão e ao medo de assumir riscos. O empoderamento representa, antes de tudo, respeito e liberdade em todas as relações.

Muitas organizações dizem que as pessoas são importantes, mas poucas demonstram ações que confirmem esse discurso. Apenas falar sobre empoderamento sem realmente aplicá-lo na prática vai minar a credibilidade da liderança e faz as ideias por trás do empoderamento parecerem mais um modismo da administração. As pessoas precisam aprender a assumir sua liberdade e sua dignidade por elas mesmas.

Se você ocupa uma posição gerencial, ajudará o time comportando-se de maneira autônoma. Comece por desenvolver a visão para a sua área, alinhada à da organização e, depois, crie o ambiente em que desejaria trabalhar. Seja extremamente claro sobre essa visão a fim de evidenciar a distância entre a situação atual e aonde se pretende chegar. O enunciado da visão deverá desvendar o futuro que se deseja atingir para servir de bússola, direcionando o trabalho. E lembre-se: seja o exemplo de empoderamento que você deseja ver em seus funcionários. Eles seguirão a prática do líder.

## CABEÇA DE DONO

Peter Block fala sobre o ciclo burocrático, em que ninguém toma o poder, em que as pessoas têm cargos e passam as decisões para os superiores. No ciclo empreendedor, por outro lado, cria-se um ambiente em que todos se sentem à vontade para assumir o próprio poder. É um ambiente onde erros não intencionais são tolerados, considerados parte do aprendizado, porque não é produtivo que um subordinado entre a toda hora na sala do chefe para perguntar a opinião ou pedir autorização para fazer algo. Ao agir dessa maneira, a pessoa está deixando de cumprir seu papel, de tomar uma decisão. Erros fazem parte do dia a dia e, caso eles aconteçam, cabe ao líder tranquilizar o time e ajudar a buscar soluções. É desse tipo de confiança que Block fala em seu livro — e foi exatamente isso o que implementamos na Suchard, em todos os níveis. Até o chão de fábrica, inclusive. Hoje, esse estilo de gestão é frequentemente encontrado nas *startups*, que possuem estruturas enxutas em que cada funcionário deve ocupar seu espaço de poder e entregar o resultado esperado. Algumas empresas chamam isso de "ter cabeça de dono". Nos anos 1990, fomos bastante inovadores na gestão de pessoas.

Entre outras coisas, organizamos uma grande convenção de vendas e apareci no palco vestida de maestrina para simbolizar que todos faziam parte da mesma orquestra, que cada instrumento era individualmente importante, mas que se todos tocássemos afinados a mesma música seríamos capazes de criar uma obra poderosa. Passei os conceitos de forma lúdica, chamava as pessoas no palco para ensinar a pronúncia do nome da empresa, fazendo "biquinho" para falar "Suuuuuchard", uma diversão para todos. Foi um evento bonito, bem produzido e pensado com carinho em cada detalhe — e não só no conteúdo. O pessoal adorou, porque aquele grupo nunca havia vivenciado uma convenção de vendas naquele formato. O momento marcou a virada da empresa: elevamos a autoestima e compartilhamos a visão de futuro. Durante muitos anos, as pessoas me encontravam e ainda falavam: "Suuuuchard".

# Aqui a definição de Peter Block para os ciclos burocrático e empreendedor:

## Ciclo burocrático

**Paternalismo:** presente em organizações que acreditam que o poder emana do topo.

**Interesses míopes e egoístas:** aparecem em empresas em que existe a crença de que o sucesso profissional se dá apenas por meio da mobilidade vertical e que a autoridade cresce com o aumento na remuneração. Essa é uma definição falha de sucesso, pois estimula as pessoas na busca da recompensa monetária apenas — em vez de estimulá-las a procurar um trabalho que tenha significado.

**Manipulação:** aparece quando as pessoas trabalham em algo que é do interesse individual de um gestor sem que elas percebam que estão sendo controladas.

**Dependência:** relação em que as pessoas acreditam que seu destino está nas mãos de outros.

## Ciclo Empreendedor

**Contrato empreendedor:** acordo que estabelece confiança.

**Interesse genuíno:** modelo que identifica as realizações alcançadas com trabalho significativo e oportunidades de aprendizagem — e não apenas com incentivos financeiros, prêmios e poder.

**Ação honesta:** o ciclo empreendedor promove ações corretas e comunicação direta — e o compartilhamento de conhecimento e de poder sem manipulação.

**Autonomia:** para pessoas autônomas e autossuficientes, agir com coragem passa a ser o padrão. Elas assumem responsabilidade por seu comportamento e se mantêm alertas para agir sempre que necessário.

> **O QUE APRENDI COM ESSA SITUAÇÃO**
>
> Empoderamento nada mais é do que uma forma de trabalhar extremamente produtiva e benéfica. Porém, como em tudo, há riscos envolvidos. É preciso estar disposto a substituir segurança por autossuficiência.
>
> Para ser livre e autossuficiente é preciso coragem, o que independe da posição que se ocupa no organograma da empresa. O problema da maioria das organizações é a crença compartilhada de que tudo o que acontece é de responsabilidade dos outros. A burocracia entra em conflito com o empoderamento, pois é completamente oposta à liberdade de ação.

## JUNTOS POR UMA CAUSA

Quando você está no meio de uma crise, o sofrimento une as pessoas e todos procuram uma saída. Nesses momentos, o líder deve ser sincero e admitir que não tem a fórmula mágica, mas que se compromete a trabalhar incansavelmente ao lado da equipe para chegar a uma solução — com a qual todos concordem e sintam conforto em apoiar. Ao ter esse tipo de postura, você ganha a equipe.

Por um lado, o trabalho na Suchard foi desgastante, porque foi muito intenso. E não só pela carga horária, mas pela tensão mesmo, por causa dos desafios que se apresentaram, que incluíam não só mudar os resultados da companhia, mas também melhorar o moral das pessoas. E isso, do ponto de vista profissional, foi um grande ganho para a minha carreira, já que foi algo construído com o time. Eu tinha uma visão de

# Saiu na mídia

"... Deborah sentou-se na cadeira de principal executiva da Q-Refresco, líder nacional do mercado de refrescos em pó e confeitos, com um faturamento de 220 milhões de dólares em 1995, em meio a um terremoto corporativo. Um rumoroso caso de suposta espionagem industrial, envolvendo altos executivos da empresa, abalava a imagem da Q-Refresco. Deborah teria, ao mesmo tempo, que enfrentar as investidas da Arisco no mercado e o assédio cada vez maior das guloseimas importadas. Solução: trabalhar 14 horas por dia à frente de um batalhão de diretores (todos homens), três fábricas e 2.000 funcionários. Ainda em 1995, a Q-Refresco se transformaria em Suchard, com marcas e produtos renovados. 'Entramos nesse desfile costurando a fantasia', diz ela. 'É um desafio e tanto, mas vale a pena.'"

Trecho da reportagem *O Brasil de mentira e o de verdade* (Os vencedores), EXAME, edição 600 (ano 29 — nº 1. 03 de janeiro de 1996) empresa vencedora que pretendia construir e a compartilhei usando uma colagem digital com cenas marcantes de meus filmes favoritos. Uma delas era com Fred Astaire e Ginger Rogers sapateando, para exemplificar o entrosamento perfeito. Usei também cenas do *K2 — A Montanha da Morte*, típico filme de superação, e o discurso de *Henrique V*, peça de Shakespeare, quando o rei interpretado por Kenneth Branagh motiva as tropas na véspera da batalha de Azincourt. A trilha sonora contava até com Pavarotti cantando *Nessun Dorma* (ária de *Turandot*, ópera do italiano Giacomo Puccini), ária favorita de meu pai. E eu ia mostrando tudo aquilo e falando sobre mim, com o objetivo de mobilizar as pessoas pelo emocional.

## O QUE APRENDI COM ESSA SITUAÇÃO

Quando você desnuda a alma para a equipe é muito poderoso, impactante, e as pessoas percebem. Imagino que seja até mais intenso do que ficar nu fisicamente, porque eu estava ali mostrando meus sonhos e valores, tudo em que eu acreditava e o que sabia ser importante fazer naquele momento. Primeiro, as pessoas ficaram tocadas. Depois se motivaram e se engajaram na ideia de um projeto conjunto. Criou-se um clima organizacional com muita energia positiva. A divisão, que até então era o "patinho feio" da Philip Morris, para onde ninguém queria ir, virou estrela. Era visível a transformação cultural. É impressionante como as pessoas querem participar de um projeto vencedor.

O OUTRO LADO

# Líder que engaja

Depoimento de Alaor Gonçalves, presidente do Conselho de Administração da Dacar Química do Brasil

O exercício de dar e receber feedback pode ser difícil para os dois lados. Hoje, é uma prática que evoluiu bastante, mas nos anos 1990, quando o chefe chamava para um feedback, a gente já tremia. Normalmente, era muito generoso nas críticas e sovina nos elogios. Aprendi com a Deborah que poderia ser diferente. Quando ela foi minha chefe na Q-Refresco e depois na Tintas Coral, havia espaço para a gente falar sobre aquilo que ia bem e aquilo que precisava de uma correção de rumo. Ela também pedia feedback. Acredito que o principal papel dos líderes é engajar as pessoas em torno de um propósito, de uma missão, e a Deborah sabe fazer isso.

Até meados da década de 1990, eu era gerente de fábrica da Philip Morris e ela era diretora de marketing da Kibon, empresas do mesmo grupo, mas só nos víamos em eventos corporativos. Então nos aproximamos quando fomos destacados para resolver uma crise institucional muito séria na Q-Refresco. Três diretores haviam sido demitidos sob acusação de furto de segredos industriais para criar uma marca concorrente com a mesma linha de produtos. Na confusão, o então presidente deixou o cargo e, com isso, a Deborah assumiu o lugar dele. Eu fui convidado para diretor de operações. Era uma empresa com uma marca forte, mas que precisava ter sua confiança e credibilidade resgatadas.

A Deborah nos liderou naquele momento difícil, criando um ambiente aberto e transparente. Ouvia todos; dava e recebia feedback. Isso acabou criando uma certa coalizão, a consciência de que juntos éramos mais fortes. Acredito que ela foi muito autêntica ao reconhecer que era sua estreia como gerente geral e que não dominava todas as áreas da empresa. "Olha, gente, eu preciso de vocês! Porque meu negócio é marketing, entendo um pouco de vendas, de clientes, de mercado..." Sua postura acabou representando uma mudança radical na forma como a empresa era administrada.

O trabalho foi tão bem-feito que logo a chamaram para presidir a Kibon. Nos reencontramos alguns anos depois quando ela já estava nas Tintas Coral e me convidou para assumir o projeto de reestruturação das operações no Mercosul. Eu estava bem na Philip Morris, mas aceitei o convite por três razões: identificação de valores, alto grau de confiança que eu tinha nela e o projeto de transformação, que me fez brilhar os olhos. Quando ela foi para a Parmalat, permaneci na Coral, tornando-me presidente alguns anos depois. Ao montar a minha nova equipe, lembrei-me de outro aprendizado que extraí do nosso relacionamento: atrair profissionais melhores que eu nas áreas em que eu não dominava. Assim se monta uma equipe vencedora.

## ORDENS SÃO ORDENS

Ainda havia um caminho a percorrer, mas as coisas na Suchard estavam deslanchando. Corria o ano de 1997 quando Schreer me disse que ele precisava de mim na presidência da Kibon. O então presidente era novo no grupo e nunca havia trabalhado no mercado de sorvetes e não entendia a dinâmica do setor. Pela experiência que tinha em sorvete, Schreer me convidou para voltar. Não estava pronta para sair ainda. Por mim, teria ficado mais uns três anos na Suchard para completar o trabalho que me dispus a fazer. Cheguei a argumentar isso com Schreer, que foi irredutível: "Você fez um ótimo trabalho e tenho certeza de que iria continuar executando tudo muito bem, mas eu consigo colocar alguém na Suchard para continuar o que você começou. Mas não consigo fazer isso na Kibon".

Voltei para a Kibon com um grande orgulho por me tornar presidente da empresa em que comecei a carreira como trainee. Assumi no lugar do Julio Cardoso, que saiu para trabalhar com o Grupo Bunge. A Sônia, que tinha sido secretária do Philippe Darquier no Brasil e ainda estava na companhia, entrou em contato com ele, contando a novidade. O Darquier, então, mandou-me o cartão de felicitações que mencionei no começo do livro.

## ALEGRIA QUE DUROU POUCO

Assumi em maio de 1997. Alguns meses depois, li no jornal que a Unilever havia vendido um de seus negócios para a ICI (Imperial Chemical Industries, vendida para a sueco-holandesa Akzo Nobel em 2008). Uma incrível coincidência, já que a ICI seria a próxima empresa onde eu trabalharia... Quando soube da notícia, a primeira coisa em que pensei foi: com tanto dinheiro em caixa, a Unilever certamente iria tentar comprar a Kibon novamente. Não deu outra! Eles ofereceram US$ 1 bilhão no modelo "porteira fechada". No final, o negócio acabou sendo fechado por US$ 930 milhões.

# Saiu na mídia

"... Mais da metade dos US$ 930 milhões que a Unilever vai pagar para a Philip Morris pela compra da Kibon se refere à aquisição da marca, que é originariamente brasileira. 'Uma marca pode valer US$ 500 milhões, como é o caso da Kibon, ou até mais. E a melhor maneira de avaliá-la é identificar o potencial de receita que ela pode gerar na sua categoria', diz Francisco Madia de Souza, diretor-presidente da Madia Associados, que avalia marcas. No caso da Kibon, diz ele, é muito fácil identificar o peso da marca. 'Se um dos picolés mais famosos da empresa fosse comercializado sem a embalagem da Kibon, certamente a venda do sorvete cairia no mínimo pela metade.'..."

Trecho da reportagem *Marca pesa mais que a metade do negócio*, de Fátima Fernandes, jornal Folha de S.Paulo (21 de outubro de 1997)

## SABATINA

O valor que a Unilever ofereceu para comprar a Kibon correspondia ao triplo do faturamento, o que não era comum em aquisições de empresas alimentícias. Tínhamos feito um estudo interno para estimar o valor da Kibon: se todas as premissas de nosso planejamento de fato dessem certo, chegaríamos a US$ 650 milhões. Essa era a nossa avaliação interna, nosso melhor prognóstico — ou seja, a oferta da Unilever era mesmo irrecusável.

Peter Schreer, Hans Grether, nosso CFO (*Chief Financial Officer*, executivo responsável pela área financeira), e eu ficamos na linha de frente do processo de venda, que durou meses. Foi muito difícil para mim, não só pelo que o fato em si representava, mas por causa da exaustão física e mental.

Passamos dias trancados no escritório de nosso *advisor* — Wasserstein Perella —, em Nova York, respondendo às dúvidas de um time de aquisições de 14 pessoas da Unilever, cujo objetivo era encontrar alguma inconsistência, algo que pudesse reduzir o valor do negócio. Voltei para o Brasil com uma senhora gastrite.

## UM SÁBADO INESQUECÍVEL

Um sábado, enquanto o processo de venda da Kibon avançava e as equipes de *due dilligence* estudavam nossos livros contábeis e outros documentos, recebi um telefonema do Juan Vergara. Tínhamos trabalhado juntos na Philip Morris, cada um em uma área. Naquele momento, ele trabalhava na Ambev e disse que estava reunido com Marcel Telles (sócio de Jorge Paulo Lemann e de Carlos Alberto Sicupira) e outros executivos. E me convidou a encontrá-los no mesmo dia em um escritório na avenida Brigadeiro Faria Lima.

Assim que cheguei, Marcel Telles foi logo perguntando:
— A Unilever está tentando comprar a Kibon, não é?
Respondi:
— Vocês sabem que eu não posso falar sobre o assunto.
Ele insistiu:
— Ok, nós sabemos disso, mas já temos todas as informações sobre o que está acontecendo. Nós gostaríamos de comprar a Kibon. Você nos ajudaria com isso?

Fiquei muda. Marcel, então, me disse que iria mostrar os números deles e que bastava eu dizer se eram viáveis ou não. E aí, falou:
— Também preciso saber se você toparia tocar a empresa se a gente fechar o negócio. Queria que você ficasse e fosse nossa sócia.

Eu só consegui dizer:
— Marcel, o que você não sabe é que eu estou negociando uma posição em outra empresa.
E ele:
— Depois você dará um jeito nisso, Deborah!
Eu, então, falei:
— Eu não deveria nem estar aqui.
E ele:
— Então, você nunca esteve.

E eu só conseguia pensar: "Se eles comprarem, eu vou ter os recursos que nunca tivemos para investir, desenvolver o mercado e crescer. Seria realizar o sonho da minha vida!".

O estudo que Marcel me mostrou estava muito bem-feito, praticamente igual ao nosso interno — incrível! Confirmei a profundidade da pesquisa, a qualidade dos dados e a extensão do conhecimento que detinham na avaliação da empresa. No final da conversa, comentei:
— Mas isso não vai acontecer, porque a Unilever ofereceu US$ 1 bilhão. — Marcel me olhou bem sério:

— Nós vamos fazer uma segunda proposta. São duas multinacionais que podem entrar em desacordo por alguma razão, e essa seria a nossa chance. Mas, Deborah, você sabe muito bem que a Kibon não vale US$ 1 bilhão, não é?

Respondi:

— Não, não vale. Em nosso estudo interno chegamos a US$ 650 milhões.

Ele rebateu:

— Se o dinheiro fosse seu, você faria um cheque nesse valor?

Eu respondi que não. Ele voltou à carga:

— De quanto seria o seu cheque, Deborah?

— Algo entre US$ 500 e US$ 580 milhões.

Sorrindo, comentou:

— Exatamente o que pensamos.

Na segunda-feira, quando cheguei na empresa, estava o maior rebuliço, pois o Garantia havia acabado de fazer a segunda proposta.

## VINHO DA VEZ

No final dessa nossa temporada em Nova York, Peter Schreer nos levou para jantar no Le Cirque, um dos restaurantes mais sofisticados da cidade. Na ocasião, bebemos um Amarone della Valpolicella Classico, vinho tinto ícone do Vêneto, na Itália. Por conta do clima frio, o Vêneto é uma região que produz tintos de perfil mais delicado e leve. O Amarone é uma exceção. Considerado um vinho majestoso por sua potência e intensidade, é feito a partir das uvas Corvina, Molinara e Rondinella que passam pelo tradicional processo de apassimento, ou seja, são desidratadas antes da fermentação para concentrar aromas e sabores. Isso lhe confere um teor alcoólico entre 14% e 17%, acima dos 11% tradicionais. Alguns rótulos de Amarone são raros, pois poucas garrafas são produzidas.

## ESQUECERAM DE MIM

O processo de venda da Kibon foi bastante demorado. Algo normal, considerando as empresas compradora e vendedora, ambas multinacionais, e o valor envolvido. Fiquei muito apreensiva com o que poderia acontecer comigo e com minha equipe de diretores. Em uma aquisição como aquela, o presidente e o diretor financeiro geralmente são os primeiros a serem convidados a sair. Eu resolvi conversar com Peter Schreer sobre o assunto. Liguei para ele e perguntei sem rodeios: "Como vamos ficar minha equipe e eu, você já tem alguma ideia?". Schreer foi bastante evasivo e encerrou a conversa com um: "Vou ver e aviso você".

Nesse meio-tempo, Julio Cardoso, que havia sido meu chefe na Kibon, tinha ido para a Coral, que acabou sendo comprada do Grupo Bunge pela ICI enquanto ele estava lá. Muito hábil, Cardoso negociou um contrato para ficar mais um ano no cargo depois da venda (antes, a Coral pertencia ao Grupo Bunge) a fim de ajudar na transição, antes de assumir outra posição no Bunge. O término do contrato dele coincidiu com o período em que a Kibon estava sendo adquirida pela Unilever. Ele me ligou e, durante a conversa, comentei que, muito provavelmente, iria ficar sem trabalho. Ele foi rápido: "Não quer que eu indique você para o meu lugar na Coral? Estou saindo daqui". Aceitei conversar!

A ICI me ofereceu um pacote bastante generoso, mais do que eu tinha em mente. Hoje, analisando esse período da minha carreira, percebo como fui ingênua. Nem Peter Schreer nem ninguém de RH havia me posicionado sobre como ficaria minha situação na Kibon depois da venda para a Unilever. A conversa com Marcel Telles, quando ele insistiu que eu ficasse caso eles comprassem, abriu-me os olhos, mas àquela altura eu já estava negociando com a ICI. Posteriormente, ficou claro para mim que a Unilever pretendia que eu permanecesse como presidente após a aquisição — só esqueceram de me envolver nessa conversa. Fazendo *mea culpa*, eu talvez pudesse ter sido mais incisiva e ter exercido o direito de discutir o meu futuro profissional. Afinal, eu era peça-chave na empresa. Merecia uma negociação direta.

## JOGADA DE MESTRE

Reencontrei Umberto Aprile em Nova York, durante minha ida à cidade por causa das negociações entre Unilever e Kibon. Ele se mostrou irritado com minha saída e fez questão de deixar isso claro na frente das outras pessoas que estavam na reunião: "Deborah, essa é a segunda vez que você está deixando a Unilever! Estou começando a achar que é pessoal", disse, referindo-se à conversa que havíamos tido seis anos antes, em 1991, quando decidi voltar para a Kibon como diretora de marketing. Eu, muito sem graça, respondi: "Estou deixando a Philip Morris, Aprile, não a Unilever". Era a mais pura verdade!

Nessa mesma ocasião, em Nova York, Rosemary Ripley, uma das executivas do grupo Philip Morris, responsável por M&A (*Mergers & Acquisitions*, área de fusões e aquisições), que mal havia me dirigido a palavra durante nossas reuniões, seguiu-me até o toalete: "Posso perguntar por que é que você decidiu sair justamente agora?". Eu disse: "Faz pelo menos dois meses que perguntei sobre minha situação e até hoje não recebi resposta de vocês!". Ela se mostrou bastante surpresa: "Como assim, o que é que você está dizendo?!".

Conversando com ela, percebi que Schreer não havia falado absolutamente nada sobre mim para o pessoal de Nova York. Dali mesmo, ela ligou, pelo celular, para Bill Webb (William H. Webb, presidente e CEO da Philip Morris Internacional, na época). Estava lívida! Descobri, alguns meses depois, por que Schreer havia agido daquela maneira: ele havia negociado para si um contrato de consultoria. Assim que a Kibon foi vendida, Schreer se aposentou e, como eu tinha comunicado minha intenção de sair, concordou em permanecer por mais dois anos trabalhando como consultor para a Unilever. Ele também tinha uma ligação muito forte com a Kibon e havia conseguido evitar a venda em outras três ocasiões anteriores. A venda para a Unilever provavelmente acelerou sua decisão de deixar o grupo Philip Morris.

## A CANDIDATA IDEAL

Eu cheguei na ICI Paints (Tintas Coral) muito valorizada. E o fato de ser inglesa também contribuiu bastante para isso: eu falo inglês nativo, conheço a cultura e suas sutilezas. Em se tratando de ingleses é preciso saber ler nas entrelinhas, entender o subtexto — senão você acaba perdendo algo importante na comunicação. Então, analisando a questão sob esse ponto de vista, eu combinava com a cultura da empresa até mais do que o próprio Julio Cardoso — que tem ascendência portuguesa.

A ICI era uma empresa extremamente organizada e eu tinha sido contratada para uma posição muito maior do que as que havia ocupado até então. Passei a ter uma operação inteira sob meu comando, um enorme desafio, essa foi a primeira vez que soube o que era verdadeiramente presidir uma empresa completa. Eu já presidia uma unidade de negócios, com responsabilidades sobre marketing, vendas, operações, controladoria e recursos humanos, sendo responsável pelo resultado operacional. Agora, assumiria também jurídico, finanças e auditoria. Ou seja, seria cobrada também por 100% do balanço, da primeira à última linha. Depois de algum tempo, assumi mais responsabilidades: a posição de *country manager*.

No modelo organizacional da ICI, a maior empresa no país fica responsável por compartilhar serviços com os negócios menores. Assim, a Coral atendia essas empresas com jurídico, auditoria, contabilidade, recursos humanos e tecnologia da informação. Por conta dessa estrutura matricial, como *country manager*, eu me reunia mensalmente com os diretores gerais da Quest, National Starch, Uniquema e Acheson, para atualização sobre os outros negócios da ICI no país. Foi uma experiência interessante, porque eu ampliei muito minha área de atuação.

Eu conheci Sir Charles Miller Smith, CEO global da ICI, em um jantar em Londres. Um evento sofisticado, aliás, que aconteceu dentro de um museu. O jantar foi organizado em formato de buffet, com ilhas servindo pratos típicos da gastronomia de todos os países onde a ICI operava. Era um cardápio muito variado, serviram verdadeiras iguarias, muito saboroso! Fui convidada a me sentar na mesma mesa de Sir Charles que fez o seguinte comentário: "Ah, então você é a famosa Deborah, que veio da Kibon? Aliás, você viu que, depois que anunciou sua saída, a Unilever reduziu o valor oferecido pela empresa em US$ 70 milhões?".

Eu, naquele momento, pude confirmar o tamanho de minha inexperiência na compra e venda de empresas. Ali tive certeza de que minhas habilidades como negociadora precisavam ser lapidadas.

### O QUE APRENDI COM ESSA SITUAÇÃO

Toda mulher executiva deveria fazer curso de negociação para aprender a precificar melhor o seu valor. Em geral, não sabemos negociar salário, bônus, promoção. Quando é para a empresa nos saímos tão bem quanto os homens, mas em causa própria, nem tanto.

## VINHO DA VEZ

Um dos vinhos servidos no jantar da ICI, em Londres, foi o australiano Hill of Grace, da Henschke, considerada pelos críticos como a melhor vinícola familiar daquele país. Trata-se de um dos mais celebrados tintos de vinhedo único do mundo. É produzido com uvas Shiraz no vinhedo Hill of Grace, que pertence à mesma família. É para beber agradecendo aos deuses.

## LINHA DIRETA COM O CEO GLOBAL

Na ICI também aprendi muito sobre a indústria química, que eu não conhecia. Nesse tipo de negócio, a questão da segurança dos empregados é primordial, porque os erros podem ser fatais. Todo mês era preciso fazer um relatório de incidentes, que eram divididos em duas categorias: *Classified Incident* (CI), que envolvia morte ou ferimentos graves; e *Reportable Incidente* (RI), os menos graves. Se houvesse um CI, o presidente da unidade de negócios — no caso, eu — deveria comunicar pessoalmente o fato para Sir Charles em até 12 horas. Esse era o protocolo. Imaginem passar por esse constrangimento! Felizmente, nunca aconteceu comigo.

## SEM EMOÇÃO

Fui contratada na ICI para ter uma carreira de longo prazo — se entregasse resultados, obviamente. A ideia era que eu assumisse posições cada vez mais elevadas. Eu estava sendo preparada para assumir o lugar de meu chefe, que iria se aposentar em alguns anos. Ou seja, minha carreira já estava desenhada. O caso é que, apesar de estar aprendendo muito, eu me sentia entediada, porque era um mercado muito parado. A gente tinha uma pesquisa indicando que os brasileiros pintam a casa a cada quatro

# Enóloga diletante

Foi Julio Cardoso quem me estimulou a desfrutar mais do mundo dos vinhos. Mas isso aconteceu muito depois da Kibon. O Zé e o Cardoso eram amigos de longa data. O Cardoso e eu nos aproximamos quando ele me indicou para seu lugar na Coral. Chegamos a fazer uma viagem com Cardoso e a esposa para conhecer vinhedos no sul da França e na Espanha. Também fizemos cursos de apreciação de vinhos. Descobrir novos vinhos e degustá-los com amigos é um privilégio que pude consolidar a partir dessa fase da minha vida. Em casa, a adega é minha responsabilidade.

O Cardoso tem cidadania portuguesa e, claro, é fã dos vinhos lusitanos. Entre os seus preferidos, que agora também têm lugar na minha *top list*, estão os alentejanos: Herdade do Mouchão, Incógnito e Pêra-Manca.

### Mouchão Tonel nº 3 – 4:
É o tinto de referência da Herdade do Mouchão e trata-se de um vinho raro, de produção limitada, que segue tradições centenárias.
É um vinho que se recomenda repousar num decanter antes de ser consumido.

### Incógnito:
Trata-se de um tinto português produzido com a uva australiana Syrah, cujo cultivo não era permitido no Alentejo. Em 1998, ao rotular a bebida, os produtores não puderam citar a Syrah. O vinho, então, foi batizado de Incógnito, e a uva "misteriosa" aparece no contrarrótulo, que traz um texto de cinco linhas em que as primeiras letras de cada uma formam a palavra "Syrah".

### Pêra-Manca:
O nome desse vinho tinto quer dizer "pedra manca" ou "pedra solta". Produzido pela Adega Cartuxa, remonta ao século XV. É feito com um *blend* das uvas Trincadeira e Aragonez, sendo um vinho encorpado, complexo, aromático e elegante.

anos — vejam só! O dia a dia não tinha as emoções de um mercado altamente sazonal como o que vivi na Kibon, algo terrível para alguém com gosto por adrenalina, como eu. Um colega executivo, egresso do Bunge, comentou na época: "Essa é uma categoria de produto que eu consideraria uma *semi-commodity*. Não se trata de um produto de consumo. Seus conhecimentos de marketing estão aqui subaproveitados". Ele tinha toda razão.

A distância também pesou. O escritório ficava em Santo André e eu levava uma hora e meia de casa até o trabalho. Eu tinha carro e motorista, é verdade, mas era complicado, mesmo assim. Fiquei dois anos na ICI. Minha próxima parada? A Parmalat.

## UMA ESTRANHA NO NINHO

Apesar de ser uma multinacional, o *modus operandi* da Parmalat durante o ano em que trabalhei lá era o de uma empresa familiar — familiar e italiana. Até hoje não me reconcilio com o fato de ter aceitado a posição. Uma descendente de ingleses como eu não tinha nada a ver com aquela cultura. Definitivamente, não era para mim.

Acabei indo para a Parmalat indicada por uma grande amiga: Vânia Nogueira de Alcântara Machado era a diretora de marketing. Ela me ligou, fazendo a ponte com o Gianni Grisendi (presidente da Parmalat Brasil e América do Sul de 1989 a 2000), que gostaria de me conhecer. Por que não? Eu já tinha dois anos de ICI e o ritmo do *business* estava minando meu entusiasmo.

Grisendi havia sido promovido e, além da operação brasileira, assumiu também a da América do Sul. Ele precisava de um braço direito para acompanhar a empresa no Brasil, a segunda maior operação da Parmalat no mundo. Conversamos e ele fez uma proposta de remuneração muito interessante. Sem falar que trabalhar na Parmalat representava voltar para o mercado de alimentos, onde cresci e me realizei profissionalmente. Fiquei tão entusiasmada que não fiz a lição de casa com a profundidade requerida, ou seja, não conhecia em detalhes as informações financeiras. Nem questionei adequadamente o que esse movimento adicionaria à minha carreira. Meu coração falou mais alto e acabei tomando uma decisão que se revelou totalmente equivocada.

Comecei em janeiro de 1999, como Diretora Geral. Quando Grisendi e eu conversamos, ele indiretamente vinculou minha remuneração ao dólar que, naquele tempo, mantinha paridade com o real. Combinamos tudo durante a conversa, mas saí da reunião sem nenhum registro que comprovasse nosso trato, foi tudo apalavrado. Acontece que, normalmente, as empresas documentam sua oferta — outro equívoco que cometi, diga-se de passagem.

O caso é que houve uma forte e inesperada desvalorização cambial no mês seguinte à minha entrada, que impactou os resultados da empresa de várias formas. Felizmente, Grisendi se mostrou disposto a honrar nosso combinado, mas acabamos negociando e acertando o que achei correto. Cumpriu também meu pedido de não me envolver com negócios ligados ao futebol, já que eu não conhecia a gestão profissional desse esporte. Naquele tempo, eles ganhavam mais com a compra e venda de jogadores de futebol do que com a operação. A empresa fazia a cogestão do Palmeiras e era dona do Etti Jundiaí (hoje Paulista de Jundiaí), e do gaúcho Juventude, de Caxias do Sul. Na Itália, o Parma teve seus anos de glória graças à fortuna dos Tanzi, a família fundadora da Parmalat, que entrou como sócia minoritária do time nos anos 1980 e acabou comprando tudo na década seguinte.

# Saiu na mídia

"A executiva Deborah Wright, de 41 anos, chegou para organizar a 'bagunça bem-sucedida' que é a Parmalat Brasil. Pelo menos, essa é a visão de profissionais de mercado, que a consideram 'uma linda aquisição'. E não é para menos. Deborah é uma das poucas executivas que chegaram ao topo. 'Ela tem muita bagagem, transitou por setores diferentes, o que faz com que tenha um perfil extremamente completo e global', diz um *headhunter*."

Trecho da reportagem de Patrícia Campos Mello *Uma "fera" no topo da Parmalat* (jornal GAZETA MERCANTIL, 27/02 A 1/03 DE 1999)

## EXPANSÃO DESORDENADA

A Parmalat cresceu no Brasil adquirindo laticínios pelo país afora. Foi a estratégia escolhida para garantir o acesso à bacia leiteira, algo crucial nesse tipo de negócio. O grande problema é que eles nunca estiveram preocupados em fazer a consolidação das dezenas de pequenas empresas compradas, ou seja, não havia uma cultura organizacional única nem integração de sistemas — nem parecia que eram todas a mesma empresa.

Na área financeira, essa sensação de fragmentação também era grande. A Parmalat fazia aquisições por preços baixos, no esquema "porteira fechada". Comprava empresas sem fazer *due dilligence*, assumindo o risco por eventuais irregularidades. Por conta disso, a área jurídica era uma das maiores na empresa, ocupava um andar inteiro. Os advogados trabalhavam duro para regularizar tudo. Foi uma estratégia eficiente para dominar o mercado, não tenho dúvida, mas era tudo tão desorganizado que, mais de uma vez, eu me peguei questionando a legalidade daquilo e se haveria um objetivo maior por trás.

Naquele tempo, a Nestlé mandava no mercado de laticínios, porque comprava o excedente e tinha torre de sopragem, equipamento fabril necessário para produzir leite em pó — produto regulador de estoques no mercado, que ajudava a segurar os preços. Leite *in natura* é uma *commodity*. O controle de custos chegava à quarta casa decimal. Como a Parmalat não tinha torre de sopragem, era obrigada a usar o excedente na produção de requeijão, de manteiga e de outros derivados. Era praticamente impossível atingir o *breakeven*. Além disso, as grandes cadeias de supermercado compravam leite UHT em leilão: arrematavam o lote de menor preço.

## GÊNIO DO MARKETING

O marketing global da Parmalat, por outro lado, era excepcional. Domenico Barile, que era conhecido como Dottore Barile, o CMO (*Chief Marketing Officer*) era genial. Baixinho, barrigudo e careca — para mim, ele era a própria encarnação de Pinguim, um dos mais aguerridos adversários de Batman. Até guarda-chuva ele portava!

Brilhante e extremamente criativo, foi dele a ideia de fazer *branding* de uma *commodity* — leite *in natura*. A Nestlé já trilhava nesse caminho com o Ninho, marca de leite em pó, e a Parmalat decidiu investir no marketing do leite UHT, longa vida, em caixinha.

Designer muito habilidoso, eu pessoalmente o vi criar logomarcas. Lembra da rosácea das embalagens da Parmalat? É uma criação de Dottore Barile e representa um pingo de leite. Também foi dele a ideia de colocar a marca Parmalat nos carros da Ferrari. Isso nos primórdios da Fórmula 1 e antes de surgirem todas as oportunidades de exposição de marcas no automobilismo, e a indústria de tabaco dominar essa arena. Dottore Barile era ousado, inovador e muitas de suas ideias tiveram sucesso. O CFO (*Chief Financial Officer*) global, Fausto Tonna, por sua vez, sempre me pareceu um tipo meio sinistro. Havia também o diretor de operações e um genro de Tanzi, dono de uma empresa que prestava serviços de manutenção para a Parmalat. Era tudo confuso, governança zero. Imaginem meu desconforto ao me dar conta de tudo isso!

A campanha dos mamíferos foi inspirada nas imagens de crianças com fantasias de animais feitas por um fotógrafo norte-americano. Erh Ray, publicitário que trabalhava com Nizan Guanaes na DM9DDB, a agência da Parmalat, viu esse trabalho numa viagem aos Estados Unidos. Na volta, ele e Nizan aperfeiçoaram a ideia. Igualmente marcante foi a promoção das pelúcias. Nos supermercados, o consumidor trocava os códigos de barras das embalagens e pagava um valor simbólico por réplicas dos bichos que apareciam no comercial. No início, foram produzidas 300 mil unidades das pelúcias.
O sucesso foi tão grande que a campanha durou quatro anos e, no total, a empresa mandou confeccionar 15 milhões de pelúcias. Em 2015, a Lactalis, atual controladora da Parmalat, resgatou a campanha, utilizando mamíferos típicos brasileiros: tamanduá, bicho-preguiça, tatu, jaguatirica e lobo-guará.

## TUDO ESTRANHO

Quando entrei na Parmalat Brasil, havia apenas um gerente financeiro, um jovem italiano muito esforçado, mas que aparentemente não tinha a senioridade necessária para ser o principal executivo financeiro da empresa. A Parmalat precisava de alguém com mais envergadura em um cargo como aquele. Felizmente, depois de algum tempo, Tonna concordou que poderíamos estar correndo risco com um profissional tão júnior. Aí, contratou outro italiano, chamado Andrea Ventura — esse, sim, um diretor financeiro experiente.

Ventura tinha um excelente histórico profissional, havia trabalhado em várias multinacionais e veio para o Brasil com um contrato de expatriado. Ele e eu nos demos muito bem, tanto que Ventura se tornou meu braço direito pouco tempo depois que chegou. Assim como eu, parecia muito desconfortável com a situação das finanças da Parmalat e, mais de uma vez, disse-me que as empresas italianas que conhecia e em que tinha trabalhado não eram daquele jeito.

As áreas financeira, comercial, de marketing e operacional e eu trabalhávamos em total sintonia, o que ajudou bastante a fazer as coisas andarem. Ventura realizou um trabalho de racionalização absolutamente impecável na Parmalat que, se não solucionou por completo seu problema histórico, ajudou a deixar tudo mais organizado. Havia muitos "esqueletos" no armário. Legado de empresas adquiridas, empresas que não haviam sido integradas, fechadas, algumas ainda com passivos nas áreas trabalhista, cível, ambiental, tributária etc. Ele entrava na minha sala pelo menos três vezes por dia. Aparecia na porta com uma cara preocupada e eu já sabia que traria questões complexas que me incomodariam muito — e cuja solução não seria trivial. Nunca tinha vivido nada parecido antes nem me deparado com um emaranhado como aquele. Eu me sentia numa posição delicada, sem saída.

> **There is no such thing as a commodity. All goods and services are differentiable. (Não existe commodity. Todos os bens e serviços têm diferenciais)**
>
> Theodore Levitt, professor da Harvard Business School e, entre outros trabalhos, conhecido pelo clássico artigo *Miopia em Marketing*, de 1960, em que fala sobre o risco de focar apenas o produto, sem pensar no cliente.

## UMA EMPRESA *SUI GENERIS*

Vivi várias situações surreais na Parmalat. Selecionei alguns exemplos:

- Não fiquei muito surpresa ao ser convidada para a minha primeira reunião internacional no *head office*, afinal, já tinha participado de vários eventos similares nas empresas por onde passei. Mas, ao chegar na comuna de Collechio, em Parma, onde ficava a sede, descobri que se tratava de algo completamente diferente de tudo o que já tinha vivenciado até então: o *head office* funcionava em uma casa de pedra centenária. E, imaginem vocês, o dono de uma empresa alimentícia com atuação global havia transformado o quarto onde nasceu em seu escritório!
- Ao fazer viagens internacionais a trabalho, às vezes, embarcávamos no jatinho da família Tanzi. Como o Sr. Tanzi era muito católico, o roteiro era pensado para que estivéssemos sempre em terra aos domingos a fim de que ele pudesse ir à missa. Era esperado que os diretores o acompanhassem. Tentei argumentar com Grisendi, pois não sou católica, mas ele se limitava a dizer: "Vá e se sente no fundo da igreja. É importante para o Sr. Tanzi que você esteja lá". Isso aconteceu diversas vezes, incluindo igrejas nos Estados Unidos e na Itália.
- No Natal de 1999, Grisendi me avisou que o Sr. Tanzi, que estava no Brasil, precisava falar comigo. "Ele está muito satisfeito com seu trabalho e gostaria de entregar um presente para você", disse. Achei estranho, afinal, eu tinha um pacote de compensação adequado: salário, bônus, carro, motorista... não entendia por que deveria ser presenteada pelo dono da empresa. Fui encontrá-lo e receber o tal presente. Era um estojo com cinco moedas de ouro Krugerrand, da África do Sul, que valem o peso na cotação do dia. Quando me entregou a caixa, o Sr. Tanzi ficou esperando uma reação de satisfação. Acho que não consegui apreciar da forma como ele gostaria. Esperava algo mais simbólico.

- Quando eu cheguei, a campanha dos mamíferos, lançada em 1996, já era um grande sucesso. Na sua continuação foi criada uma promoção no estilo *self-liquidate* com as pelúcias. Quando entrei na Parmalat, isso já estava acontecendo. Clientes juntavam o código de barras de quaisquer oito produtos, pagavam mais oito reais e trocavam por uma pelúcia, dentre as dez da coleção. Os bichinhos eram produzidos na China ao custo de um dólar cada. Se somarmos o custo de logística, desembaraço alfandegário, impostos e distribuição em todo o país, totalizariam os oito reais cobrados do consumidor brasileiro. Ou seja, a promoção se pagava. Em fevereiro de 1999, o Brasil passou pela maxidesvalorização do real. O dólar ficou caro e a promoção das pelúcias, inviável. O problema era que ela foi um dos maiores sucessos no mercado brasileiro da década de 1990. O interesse do consumidor desafiou até os cálculos mais otimistas usados para preparar a promoção. Consumidores formavam filas nos locais de troca. Reclamavam que faltavam certos bichinhos e que sobravam outros, congestionavam o SAC. Entre outras medidas emergenciais, colocamos carretas nos estacionamentos de grandes supermercados aos finais de semana e fretamos um avião para importar mais rapidamente. Criamos até uma estrutura dedicada à promoção em tempo integral por mais de um ano. No final, a promoção desenhada para ficar no *breakeven* acabou dando um prejuízo operacional importante, além de ter sido um desafio logístico gigantesco.

## SE EU SOUBESSE...

Desconfortável. Essa é a palavra que define o período em que trabalhei na Parmalat. Informações inquietantes se sucediam com regularidade e, quanto mais me aprofundava, menos gostava do que encontrava. Pouco tempo depois que entrei na empresa, por exemplo, descobri que eles tinham um contrato vitalício com

Ronaldo Fenômeno. Jamais tinha visto um acordo como esse no mundo corporativo, algo que é mais comum no mundo dos esportes. Eu herdei esse contrato justamente em um período em que Ronaldo havia sofrido várias lesões e tinha passado por cirurgias, ficando um bom tempo afastado dos gramados. Mesmo assim, o contrato era honrado mensalmente, o que significava custo na veia! Essa foi uma das primeiras coisas que estranhei, mas logo descobri que futebol era uma prioridade na empresa. Várias vezes me surpreendi, durante a visita de italianos ao Brasil, com a interrupção de reuniões de negócios para comentar sobre o resultado do último jogo do Parma.

Não havia o que falar sobre a excelência técnica e o padrão de qualidade dos produtos da Parmalat. A empresa era parceira há muitos anos da Tetra Pak e praticamente inaugurou o mercado de bebidas vendidas em embalagens longa vida no Brasil. E não era apenas leite, mas também sucos e chás com a marca Santal. Quando compraram a Etti, em 1998, por exemplo, passaram a oferecer treinamento para os agricultores, porque não bastaria um processo industrial moderno se a qualidade da matéria-prima não estivesse à altura. Especialistas italianos ensinaram os agricultores a cultivarem um tomate mais saboroso e com menos perdas na industrialização. Naquele período, a qualidade dos tomates produzidos no Brasil variava bastante, em geral abaixo do padrão estabelecido como mínimo pela Itália.

Eu estava dividida entre os pontos que me preocupavam e a parte boa da Parmalat. Tive muita dificuldade em me adaptar à cultura, pois nunca havia trabalhado em uma empresa de controle familiar — e a família Tanzi era *sui generis*. O Sr. Tanzi visitava o Brasil com frequência, pois a operação era muito relevante para o grupo. Tínhamos longas reuniões e o controlador se debruçava sobre todos os detalhes operacionais, conhecia bem a dinâmica dos principais mercados. Dono de uma memória prodigiosa, era exigente e parecia verdadeiramente empenhado em forjar um melhor desempenho financeiro operacional no Brasil. Falava bastante bem o português e nos entendia perfeitamente, mas, quando se aborrecia e iniciava uma discussão acalorada em italiano, era impossível compreendê-lo!

## PEDRA NO CAMINHO

A história da Parmalat no Brasil é impressionante. Em 25 anos, construíram, por meio de aquisições, uma empresa que concorria em pé de igualdade com a Nestlé, que atuava há cem anos no país, em quase todos os mesmos segmentos do mercado de alimentos. A força da imagem da marca, construída com um marketing agressivo e criativo, era notória. Além disso, a Parmalat tinha um time de vendas ofensivo e extremamente diferenciado, que trabalhava muito bem os pontos de venda, como poucas indústrias. O grande varejo encontrou na Parmalat uma aliada para pressionar o líder suíço do mercado. A Parmalat era a grande pedra no caminho da Nestlé. Era ousada e utilizava táticas de guerrilha muito bem.

Frequentemente, recebia os diretores de vendas (eram quatro, tantas eram as categorias de produto), que vinham relatar sobre um negócio que haviam acabado de fechar. A cultura da empresa dava a eles uma grande autonomia e espaço de manobra. Eram hábeis negociantes e se divertiam "cutucando" a Nestlé. Eu vivia desafiada — taticamente, eles eram, de longe, os melhores do mercado, mas eu procurava acrescentar uma visão mais estratégica. Perguntava a eles como imaginavam que a Nestlé responderia. Não era meu *modus operandi*, minha escola tinha sido mais parecida com a da Nestlé, com planejamento, buscando conquistar espaços que pudéssemos sustentar. A resposta deles invariavelmente era: "Ah, depois a gente vê. Por enquanto, vamos vender como água!". Eles focavam o curtíssimo prazo.

O fato é que a Nestlé era muito estruturada, mas lenta, não conseguia antecipar o tipo de ação que a Parmalat criava e operava com maestria e flexibilidade. Ou seja, as duas empresas tinham competências diametralmente opostas. A equipe comercial da Parmalat era formada por *mavericks* (termo em inglês usado para se referir a pessoas independentes, que pensam e agem de maneira diferente do usual ou do que se espera delas). Aprendi muito com eles. Na maioria das vezes, o sistema de "o que eu não vendo hoje não venderei amanhã" nos garantia vantagem competitiva, mesmo que de curta duração.

## EM PARALELO

Em 1987, meu marido, Zé, e um sócio abriram uma pequena empresa de vendas e distribuição de alimentos. Iniciaram uma operação com a Nestlé na Divisão de Grandes Utilizadores (GU), posicionados no chamado mercado HoReCa — hotéis, restaurantes comerciais e de empresas, *catering*, cantinas escolares etc.

Em 1991, por causa dos bons resultados apresentados pela empresa, foram convidados a se juntar também a um projeto de distribuidores com área geográfica determinada e exclusiva na Grande São Paulo. O foco era garantir a distribuição para o pequeno varejo. Era uma nova estratégia, garantindo a presença mais horizontal dos produtos da Nestlé nesse canal, que seria aferida por pesquisa da Nielsen. A metodologia desse instituto auditava lojas, contava o estoque e a presença das marcas nos pontos de venda. Já o índice de distribuição numérica da Nielsen media a quantidade de pontos de venda onde os produtos da marca eram encontrados. Até então, o pequeno varejo vinha sendo atendido por empresas atacadistas, que costumam comprar altos volumes da indústria, obtendo condições comerciais diferenciadas, favoráveis para estocar e revender. Operam em geral sem um trabalho personalizado e regular de atendimento aos pequenos pontos de venda. O foco maior é comprar barato para oferecer preços mais competitivos.

A Nestlé fez um diagnóstico de que, às vezes, pontos menores ficavam sem a sua linha completa de produtos, e a falta de um trabalho consistente de visitação e de distribuição causava perda de *market share*. Para fazer frente ao convite de integrar esse projeto, meu marido e o sócio na Nathivas Comércio e Importação de Produtos Alimentícios Ltda. fizeram uma série de investimentos: mudaram a empresa para outro local com um depósito mais espaçoso, contrataram e treinaram novas equipes de vendas e se adequaram às demandas de qualidade da Nestlé, tanto nas condições de armazenagem quanto no padrão de serviços de atendimento aos clientes. Montaram uma grande distribuidora, adquiriram veículos, iniciaram nova fase de crescimento e de expansão. Mais de uma vez, ganharam o prêmio de melhor distribuidor do ano, participavam ativamente de todos os treinamentos, convenções de lançamento de produtos e campanhas de vendas da Nestlé. Mantinham ótimo relacionamento com as áreas de vendas, distribuição e, naturalmente, com o financeiro. Construíram uma parceria sólida.

Os resultados eram positivos sob todos os pontos de vista e, como os dois sócios haviam sido executivos de multinacional, estavam aptos a conversar com os visitantes suíços. A Nathivas era frequentemente escolhida para receber executivos estrangeiros, acompanhá-los em visitas ao mercado e preparavam apresentações sobre os desafios e os progressos na distribuição e nos negócios. Enfim, falavam a mesma língua.

Essa visão era apreciada pelos executivos da Nestlé e a Nathivas se tornou uma importante parceira comercial, confiável e alinhada à matriz. A cultura da Nestlé, uma empresa europeia, era bem diferente das que eu conhecia. Essa, pelo menos, foi a percepção que construí, baseando-me no que conheci indiretamente, aqui no Brasil. O orgulho de vestir a camisa era esperado também dos familiares de funcionários, colaboradores e fornecedores. Todos eram considerados como parte da "grande família" Nestlé. Lealdade e exclusividade de dedicação eram exigidas, as carreiras eram longas e muitos dos que ocupavam posições de liderança tinham sido treinados dentro da própria Nestlé, não conheciam outras realidades. Ou seja, tratava-se de uma empresa bem tradicional sob muitos aspectos, retrato de uma geração antiga, mas que não era incomum nas grandes organizações da época. Estávamos no Brasil dos anos 1990, mas os valores eram os do mercado norte-americano da década de 1960.

## CADA UM NA SUA

Sempre mantive minha carreira independente e separada da atividade profissional de meu marido. Depois que ele saiu da Kibon, empreendeu e montou sua própria empresa. E eu continuei o caminho tradicional de carreira em grandes corporações. Já era um tanto constrangedor para mim, na época, o fato de termos sido ex-colegas de trabalho, o que dava margem a especulações e comentários. Portanto, tínhamos como regra manter nossa vida pessoal e familiar protegida. Afinal, isso em nada afetava nossa dedicação ao que cada um estava construindo e um sempre apoiou o outro acima de qualquer coisa. Trabalhávamos longas horas e, ao chegar em casa, tínhamos uma filha pequena e outros assuntos para tratar.

Quando fui promovida a gerente geral da Kraft Suchard Foods, em 1995, soube anos depois que a Nestlé não havia reagido muito positivamente a esse fato. Não compreendiam como a esposa de um distribuidor poderia estar trabalhando na concorrência. A situação foi contornada e permaneceu assim por um bom tempo. Até a minha ida para a Parmalat, quando a relação definitivamente azedou.

Antes de aceitar a posição, eu havia sido transparente e conversado longamente com Grisendi sobre a Nathivas. Ele garantiu que a Parmalat não teria problemas com isso, pois, pelo que havia apurado, eu era uma executiva com boa reputação no mercado e ele confiava que eu saberia separar as coisas. Porém, alertou-me que eu poderia esperar problemas com a Nestlé. Tive dificuldade de entender o porquê, pois não fazia sentido para mim. Afinal, a relação da Nathivas com a Nestlé era de escopo estritamente comercial. Os distribuidores não tinham acesso antecipado a informações estratégicas e confidenciais, só eram envolvidos e comunicados quando do lançamento de novos produtos ou de promoções e sobre outros assuntos específicos de vendas e distribuição. Por outro lado, eu, como diretora geral da Parmalat Brasil, tinha acesso a todos os planos da empresa; e essas informações privilegiadas, se reveladas ou vazadas para um concorrente, poderiam causar danos — algo que jamais aconteceu!

Naquele tempo, a Parmalat tinha muita popularidade e era vista com boa vontade pela mídia. A promoção das pelúcias e o sucesso extraordinário da campanha dos mamíferos criou visibilidade e um grande interesse do mercado. Eu já vinha participando de reportagens de revistas e de jornais em que o foco era falar sobre executivas em posição de presidência. Éramos poucas em minha geração e, por isso, sempre tive muitas solicitações da área de relações com a imprensa das organizações em que trabalhei. Acontece que a combinação Deborah Wright e Parmalat causou uma superexposição para mim. Na minha família, isso foi motivo de preocupação e, na Nestlé, causou grande desconforto. Há que se considerar que a vaidade move o mundo corporativo. Agora, imaginem vocês, uma mulher, uma intrusa no Clube do Bolinha, aparecendo mais na mídia do que o presidente no Brasil da líder da maior e melhor empresa global de alimentos? Claro que isso incomodou — e muito! Para piorar, eu ainda era casada com um dos distribuidores, desaforo demasiado! O aviso de Grisendi, infelizmente, havia se tornado realidade. Não tardaram as pressões, o jogo de interesses e a busca injustificada por falhas para forjar um caso de incompetência que explicasse a destituição sumária e unilateral da Nathivas do cadastro de distribuidores da Nestlé — de repente, a Nathivas havia se tornado "desleal".

## SOBRE PERDAS E DANOS

Naturalmente, essa é a nossa visão dos fatos, que pode ser subjetiva, já que nunca conseguimos provar nada na Justiça, tarefa interminável e quase impossível em um país como o nosso, onde o acesso assimétrico aos melhores recursos jurídicos influenciou a qualidade do parecer final. Eu vi a empresa de meu marido quebrar e carrego comigo essa culpa. O ex-sócio, que é nosso amigo até hoje, nunca nos cobrou por isso. Quando a situação se tornou insustentável, o Zé até se ofereceu para sair do negócio, deixando a Nathivas para o sócio. Era tarde. A Nestlé não concordou, pois isso confirmaria a natureza pessoal da decisão que seus executivos haviam tomado.

Nessa época, eu era muito jovem, tinha 42 anos. Por sorte, essa crise fortaleceu nosso casamento e nossa cumplicidade, mas poderia ter causado um dano maior do que o financeiro. Para aliviar minha dor e tentar me redimir, escrevi com cuidado uma carta em nome da Nathivas para Peter Brabeck, então CEO global da Nestlé, relatando o caso e documentando tudo: anexei os registros que tínhamos; os prêmios e os e-mails de agradecimento dos executivos suíços que visitaram a empresa e a mudança repentina de tratamento. Eu julguei que era uma peça de defesa bem elaborada!

Meu marido me perdoou rapidamente, mas eu nunca me perdoei pela minha ingenuidade. De uma coisa, porém, tenho certeza: a Suíça soube o tamanho do absurdo e da injustiça que seus funcionários brasileiros cometeram. Deixei bem claro que tinha convicção de que essas não eram ações típicas de uma empresa como a Nestlé nem que esses fossem valores e ética dignos de uma multinacional. Afirmei que sempre houve transparência de nossa parte em relação à minha carreira e que nós não compreendíamos por que a Nestlé se julgava no direito de querer limitar meu progresso profissional, apenas por conta de uma relação comercial de meu marido com a empresa.

Mandei por correio e por fax. Depois liguei para Vevey, na Suíça, onde fica a sede da companhia, e fui muito bem atendida pela assistente de Brabeck, que me garantiu que ele havia recebido tudo. De multinacional, eu entendia bem! O corporativismo, naturalmente, entrou em jogo e a decisão permaneceu inalterada. Na verdade, não esperávamos nada diferente, mas soubemos por um vendedor deles, que se tornou nosso amigo e estava revoltado com tudo aquilo, que as repercussões internas foram grandes. O Zé sempre foi hábil na construção de redes de relacionamento, esse é seu estilo — e com a Nestlé não foi diferente. Os vendedores e as equipes da Nestlé que faziam a interface com a Nathivas se tornaram amigos. Disseram achar o ocorrido desprezível, não se conformando com a atitude de seus superiores.

## A GOTA D'ÁGUA

Eu trabalhei intensamente na Parmalat. A situação da empresa que encontrei era complexa e necessitava de uma profunda reestruturação. Trabalhava, em média, 12 horas por dia. O tamanho do desafio exigia muita dedicação. Eram 16 diretores com report direto a mim de três diferentes empresas: a própria Parmalat, com várias divisões, além da Batavo e da Etti. Elaborei, com a cooperação da minha equipe, um plano sólido e factível. Exigiu um esforço adicional de todos, pois não conseguimos aprovar a contratação de uma consultoria, o que poderia ter nos ajudado — e muito! Nunca havia sido feito um trabalho de consolidação das muitas aquisições anteriores. Estávamos empenhados nisso, quando soube que a Parmalat estava na disputa pela Arisco. Eu fiquei surpresa e recomendei que, caso se efetivasse o negócio, seria necessário montar outra estrutura separada de gestão, pois a atual já estava comprometida com o tamanho do desafio existente. Felizmente, a BestFoods adquiriu a Arisco em fevereiro de 2000.

Pouco tempo depois, viajamos para a Itália e, naquela viagem, o Sr. Tanzi demitiu o Grisendi, aparentemente de maneira inesperada. Até hoje não entendi o que realmente aconteceu entre os dois. Grisendi, visivelmente abalado ao me falar sobre sua saída, terminou a conversa com um: "Você continua com a equipe, Deborah". Ele também prometeu que conversaríamos melhor na volta. Fiquei muito tensa, tudo aquilo me deixou sem chão. Grisendi era um profissional com 25 anos de empresa, que tinha iniciado a Parmalat no Brasil, e os dois praticamente tinham uma relação de pai e filho.

Ao falar comigo sobre o assunto, o Sr. Tanzi também não fez rodeios: "Gianni já deve ter comentado que está saindo da Parmalat. A partir de agora, você fica responsável por tudo. Volte para o Brasil e monte um plano que me traga lucro o ano que vem". E eu respondi: "Estive com o senhor há 45 dias para mostrar meu plano de reestruturação de três anos, que foi aprovado. A previsão, como falamos, é ter lucro depois disso. Minha equipe e eu levamos meses para montar esse projeto. Como o senhor quer que eu volte e mude tudo?". Ele foi mais direto ainda: "Aquilo é só um papel. Volte para lá e faça qualquer coisa que me dê lucro em um ano". Na hora, pensei: "Haja *spin-offs*, venda de ativos... seria preciso retalhar a empresa". Analisando depois, ali estava um indicativo claro da mudança de momento da Parmalat mundial. A era de aquisições havia terminado e o grupo precisava registrar lucro operacional no Brasil.

Para mim, a sensação era de estar pisando em areia movediça. Só conseguia me sentir frustrada com a velocidade com que se descartou um trabalho sério, profundo, feito com o envolvimento de diversas áreas da empresa. De fato, toda estratégia se inicia com um pensamento e um direcionamento para depois ser desdobrada em planos de ação que serão executados com métricas e prazos estabelecidos. O Sr. Tanzi poderia até ter razão de que o plano proposto ainda não passava de um conjunto de boas intenções, passíveis de serem modificadas. Com várias fábricas e centros de distribuição, a Parmalat era um terreno fértil para fazer uma reestruturação. Acreditava que, se em três anos conseguíssemos executar bem o que havíamos planejado, eu e minha equipe mereceríamos um belo bônus.

A demissão de Grisendi foi para mim um divisor de águas, porque eu já vinha lidando com uma sequência de fatos, digamos, pouco ortodoxos que me preocupavam. Mais uma vez, minhas conversas com *headhunters* deram fruto. Durante toda a minha carreira sempre fui convidada para entrevistas de emprego. Eu ia sempre, mesmo quando não estava considerando a possibilidade de mudar. É importante manter um olho no mercado para comparar com o seu desenvolvimento profissional. Nessa ocasião, Sergio Averbach, da Korn Ferry (consultoria global especializada no recrutamento de executivos), chamou-me para conversar. Estava à procura de um CEO para o Amelia.com.br, projeto de internet do Grupo Pão de Açúcar (GPA).

Eu não tive dúvidas e agarrei a oportunidade. Negociei minha saída da Parmalat levando uma *comfort letter* elaborada e assinada por eles que me eximia, em tese, de responsabilidade por qualquer eventual problema jurídico que viesse a surgir, além de garantir a cobertura das expensas advocatícias necessárias para a minha defesa. A carta me protegeu enquanto a empresa continuava operando; depois que entrou em falência, em recuperação judicial e, posteriormente, foi liquidada, acabei arrolada em vários processos por ter sido diretora estatutária. Eu fiquei lá somente um ano — sendo apenas nove meses como estatutária —, mas o sistema jurídico no Brasil me obrigou a responder a dois processos trabalhistas e um fiscal.

Três anos depois, quando já estava na Abril, fui informada de um processo criminal envolvendo Grisendi, que me procurou, enviou-me cópia de seu depoimento, colocou o advogado à disposição. Concordei em testemunhar, mas nunca fui notificada. Nada respingou em mim, mas sei que ele se complicou bastante. Mantinha uma equipe de advogados de defesa de primeira linha.

Passou alguns anos se dedicando apenas a tratar dos vários processos jurídicos em que se viu envolvido. Após algum tempo, parei de acompanhar o caso.

## VERNIZ DE HONESTIDADE

Depois que saí da Parmalat, as histórias começaram a vir a público, cheguei a questionar até onde iria o conhecimento do Grisendi sobre todos os fatos. Por que ele havia me contratado, afinal? Eu possuía formação, experiência e competências complementares às dele. Pode ter sido também por causa da minha imagem, pois sempre fui muito correta e reconhecida como boa gestora. Eu fui a primeira mulher a ocupar aquele cargo naquela que era uma empresa familiar italiana com traços conservadores claros.

Fiquei imaginando se eu não havia sido usada para garantir o verniz de honestidade de que eles tanto precisavam. Essas foram meras especulações que fiz *a posteriori*. Devo dizer que Grisendi sempre foi muito correto comigo, um verdadeiro *gentleman*, deu-me autonomia e demonstrava confiança. Embora não possa dizer que o conheci profundamente, a relação que estabelecemos foi de respeito e de confiança mútuos. Ele acatava recomendações que eu trazia e me orientava bastante. Era muito intuitivo, tinha um forte espírito empreendedor, pensava e agia como dono. E era apaixonado por futebol e pelo Palmeiras!

## O IMBRÓGLIO PARMALAT

Calisto Tanzi nasceu em 1938 na comuna de Collechio, em Parma, na Itália. Fundou a Parmalat em 1961. O nome da empresa é uma junção da palavra "parma", província onde fica Collechio, e das três primeiras letras de *latte* (leite em italiano). No Brasil, a empresa começou a operar em 1977 com Gianni Grisendi, que fazia parte da força de vendas na Itália, à frente dos negócios. Grisendi chegou à presidência da Parmalat Brasil em 1989 e, alguns anos depois, acumulou também o comando da operação na América Latina. Foi sob sua gestão que começou o processo de expansão, por meio da aquisição de outras companhias. Foram 25 aquisições — Batavo, Itambé e Etti, entre elas.

O Grupo entrou em colapso em 2003 com um rombo de 14 bilhões de euros, naquele que é considerado um dos maiores escândalos financeiros da Europa até hoje. Os jornais da época diziam que o sonho de Tanzi era que a Parmalat fosse para o mercado mundial de leite o mesmo que a Coca-Cola representa para o de refrigerantes. De fato, a companhia chegou a liderar a produção de leite de alta temperatura (UHT) no mundo. Aos investidores a empresa dizia que as vendas estavam aumentando, quando, na verdade, acontecia exatamente o oposto. Os negócios no Brasil também não iam bem. Etti e Batavo, por exemplo, estavam com problemas. E notícias do período dão conta de que a operação brasileira sempre foi deficitária e que recebia aportes financeiros da matriz. Na Justiça, os problemas surgiram quando os procuradores italianos começaram a associar os investimentos no futebol à lavagem de dinheiro.

Tanzi foi para a prisão por fraude, falência fraudulenta e associação criminosa. Outros executivos da Parmalat também tiveram que se entender com a Justiça. É o caso de Fausto Tonna, diretor financeiro global e segundo homem do grupo, e de dois dos três filhos de Tanzi, Stefano e Francesca, que estavam à frente de alguns negócios. Gianni Grisendi, que havia saído em 2000, foi condenado a mais de três anos de prisão por crime contra o sistema financeiro, mas teve sua pena convertida em uma multa de cerca de R$ 1 milhão em valores da época. Em 2005, a Parmalat Brasil conseguiu autorização para seguir com o processo de recuperação judicial e, desde julho de 2011, a francesa Lactalis, maior grupo de laticínios do mundo, controla a Parmalat S.p.A.

# Saiu na mídia

A crônica de uma das mais espetaculares farsas do capitalismo moderno, que produziu um rombo de 14 bilhões de euros, foi escrita no Brasil. Está registrada em letras miúdas, nas 80 páginas de um diário de folhas corroídas pelo tempo. Seu autor é Stefano Tanzi, filho de Calisto Tanzi, criador da Parmalat. O diário, obtido com exclusividade pela DINHEIRO, foi escrito no primeiro semestre de 2000, quando Stefano morou em São Paulo e conduziu as operações do grupo na América Latina.

Nele, Stefano registrou sua angústia com os resultados ruins e anotou transações com jogadores de futebol. Em suas confissões, também rascunhou um plano de atuação da Parmalat na telefonia através da empresa Tecnosistemi, criada para instalar a rede da TIM, uma subsidiária da Telecom Italia na área de celulares. Hoje, a Tecnosistemi está em concordata. A empresa deixou um calote de R$ 100 milhões com bancos nacionais e é o foco de uma investigação sobre pagamentos de propinas a autoridades públicas. Apreendido pelos policiais italianos na mansão dos Tanzi em Collechio, vilarejo italiano que foi palco da batalha do Monte Castelo, a última dos pracinhas brasileiros na II Guerra Mundial, o diário é uma peça importante nas investigações conduzidas pelos procuradores italianos e pela juíza Antonella Iofredi, de Parma. Isso porque a Parmalat anunciou aos investidores que o crescimento das vendas e dos lucros no Brasil havia sido próximo a 15% em 2000. Mas entre o que foi dito ao mercado e o que efetivamente aconteceu há uma grande distância. Enquanto os balanços fajutados apontaram lucros, o diário de Tanzi revelou quedas dramáticas nas vendas e prejuízos em toda a América Latina. As fraudes começavam a se avolumar.

(...) Desde que foi criada, em 1977, a Parmalat Brasil jamais registrou lucros verdadeiros. Em média, a empresa recebeu aportes anuais de R$ 100 milhões da matriz, que eram usados para mascarar os resultados ruins. 'Era um subsídio, uma espécie de mesada?', disse à DINHEIRO o executivo Nelson Bastos, que, em abril deste ano, foi nomeado presidente do Conselho da Parmalat pelos credores. Sua conta é que, em todos esses anos, tenham entrado R$ 3 bilhões no país. Era um dinheiro que vinha dos pequenos acionistas minoritários italianos e dos banqueiros que financiaram a expansão da Parmalat. Isso não significa, porém, que o Brasil tenha se beneficiado com a farsa montada pela família Tanzi. O que se suspeita, na Justiça do Brasil e da Itália, é que parte dos recursos tenha retornado ao bolso dos controladores após aquisições superfaturadas de empresas e de remessas ilegais de dinheiro. A CPI do Banestado, por exemplo, levantou indícios de desvios de até US$ 1 bilhão. As empresas usadas para as fraudes seriam a Carital e a Winshaw, ambas sediadas em paraísos fiscais no Caribe. Só a Winshaw movimentou cerca de US$ 2 bilhões. A tese de muitos procuradores é que, depois da Operação Mãos Limpas, feita em 1993, as empresas italianas tenham passado a usar países como o Brasil para internacionalizar suas práticas de corrupção.

Trecho da reportagem *O Diário Secreto da Parmalat sobre o escândalo financeiro da empresa* (revista ISTO É DINHEIRO, 12/05/2004)

Casamento dos meus pais Jean e Allan, em 1956, no Rio de Janeiro

*Mummy* e eu

Eu com seis meses, em março de 1958

*Daddy* e eu

*Daddy* e eu, em 1960

Na British School of Rio em 1968, entre amigas

Jean, minha prima Helen e eu (em pé), em 1963

Recebendo diploma da EAESP/FGV, em 1979

De noiva, com buquê de *muguet-du-bois*

A caminho do altar com *Daddy*, em 1981

Com minha avó, *Minnie* Willets

Jean e *Uncle* Victor Bray

General Foods '86

Gemada Kibon, o primeiro produto, nos anos 1940

Capa do relatório anual da General Foods de 1986, com Thais Cuperman

Foto interna do relatório mostrando as peças promocionais do refil de sorvete

Falando para o time da Kraft Suchard Foods, em 1995

Luciene Santos Alves, meu braço direito, minha fiel escudeira por 23 anos

Com Jessica e o Zé, em 1995

Eu, Zé e Jessica, em 1997

## PERFIL

# BATOM NO PODER

### Deborah Wright dá as cartas na Q-Refres-Ko

Por Cláudia Vassallo

O executivo venezuelano Richard Sucre, presidente do grupo Philip Morris no Brasil, enviou qualquer tipo de rodeio. Numa tarde do final de abril, chamou a executiva Deborah Patricia Wright para uma reunião urgente em seu escritório, na Zona Sul de São Paulo. Fechou a porta, pediu à secretária para não ser incomodado e disse uma frase em inglês, idioma oficial do grupo: "*I have a good job offer to you, Deborah*". Algumas horas depois, as portas do escritório de Sucre se abriram.

Aos 37 anos, Deborah entrara no gabinete de Sucre como diretora comercial da Kibon, líder nacional do mercado de sorvetes e um dos braços no setor de alimentos do grupo. Saiu como gerente geral da Q-Refres-Ko, outra subsidiária da Philip Morris. A partir de então, ela passou a comandar uma companhia de 2 000 funcionários, três fábricas e um faturamento de 180 milhões de dólares em 1994. Pela primeira vez, uma mulher atingia um cargo tão elevado na Philip Morris International, divisão que abriga todos os executivos do grupo fora dos Estados Unidos. "Sempre gostei de desafios", diz Deborah. "Sem eles, não há como crescer."

Nem Deborah nem ninguém na Philip Morris poderia imaginar que tais desafios tomariam proporções tão gigantescas em tão pouco tempo. Carioca de Botafogo, ela chega ao topo de sua carreira justamente num momento em que a Q-Refres-Ko atravessa um dos momentos mais delicados de sua história. Tudo começou apenas 48 horas após a posse de Deborah. Era quarta-feira, 10 de maio. Naquele dia, o nome da Q-Refres-Ko deixou de frequentar a coluna de negócios dos jornais para ocupar espaço nas páginas reservadas aos escândalos policiais. Três diretores da empresa, afastados em março por suspeitas de espionagem industrial, acusavam a cúpula da Philip Morris de escuta telefônica ilegal e cárcere privado. O caso quase resultou na prisão de Sucre, o presidente do grupo.

Foi um começo atribulado para Deborah. Dona de um perfil e de uma educação britânicos — ela é filha de ingleses — e de uma desenvoltura comum às matronas italianas, sobrou-lhe a tarefa de apagar às pressas o incêndio nas dependências da Q-Refres-Ko. Uma de suas primeiras decisões foi antecipar um programa de treinamento para todos os funcionários. "Isso nos ajudaria a resgatar a motivação e o ambiente na empresa", diz Deborah.

Nos últimos meses, a Q-Refres-Ko vem perdendo pontos no mercado de refrescos em pó, produto responsável por 54% de seu faturamento no ano passado. Com a marca Frisco, a Arisco atingiu em pouco mais de dois anos a vice-liderança de um mercado de 250 milhões de dólares por ano. A participação no mercado de refrescos em pó adoçados do Tang, carro-chefe da Q-Refres-Ko, caiu de 75% para 67% no mesmo período. A insatisfação de alguns varejistas ajudou na arrancada da concorrente. "Está difícil negociar com os vendedores da Q-Refres-Ko", diz Firmino Baptista Rodrigues Alves, dono da rede de supermercados Tulha, de São Paulo. "Essa moça terá de trabalhar duro para reverter a situação."

Trabalho é o que não falta na rotina de Deborah. Chega pouco depois das 8 horas à sede da empresa, no bairro de Santo Amaro, na Zona Sul de São Paulo. Horário de saída? Nos últimos dois meses, não houve um dia sequer em que a jornada tenha durado menos de 14 horas. Almoços de negócios em restaurantes de luxo viraram eventos esporádicos. Os entregadores da Pizza Hut e do McDonald's já a reconhecem como sua freguesa habitual. Por conta da correria e do peso dos negócios 3 quilos em seis semanas.

O ritmo de maratonas imposto por Deborah já começa a dar resultados. A equipe de vendedores está sendo remontada. A linha de produtos deve passar por uma reformulação radical, e a Q-Refres-Ko prepara-se para entrar no concorrido mercado de chocolates. Em junho, começaram a ser vendidos em Curitiba os primeiros tabletes da marca Milka, propriedade da Jacobs-Suchard, uma das subsidiárias do grupo Philip Morris. Hoje, o Milka é campeão de vendas na Europa, batendo marcas da suíça Nestlé. "A concorrência pode se preparar", diz Deborah. "Não vamos se mover em cruzados."

Podem parecer palavras duras demais para uma mulher que decora sua estante de trabalho com bibelôs e lota as paredes do escritório com fotos da filha única, Jessica, ora ruivinha de 5 anos. Deborah, porém, está acostumada ao dicionário de jargões masculinos do mundo dos negócios. Aos 22 anos, recém-formada em Administração de Empresas pela Fundação Getúlio Vargas de São Paulo, entrou na Kibon como assistente de marketing. Era a única mulher do departamento. No final de 1989, grávida de oito meses, foi recrutada pela Gessy Lever. Voltou anos depois para a Kibon. Dessa vez para ser diretora de marketing.

Por uma dessas ironias do destino, passou a chefiar vários de seus ex-superiores. Todos homens, por sinal. Nas reuniões da cúpula do grupo Philip Morris ela é a única a usar saias. As vezes, isso ajuda. Por uma questão de etiqueta, sentou-se ao lado de Geoffrey Bible, presidente e principal executivo da Philip Morris mundial, num jantar oferecido pela subsidiária brasileira em março deste ano.

O principal trunfo de Deborah em sua ascensão meteórica foi a capacidade de obter resultados rapidamente, traduzidos quase sempre em participação no mercado ou aumento de lucros, expressões que sempre fizeram sucesso entre os acionistas. No começo da década de 80, por exemplo, Deborah era a responsável pela linha de produtos domésticos da Kibon. Na época, lulas e tijolos de sorvete não chegavam a representar 30% das vendas da empresa. Meses depois, a participação pulava para 45%. Nem assim ficou satisfeita. Foi ao mercado e descobriu que as donas de casa adorariam comprar refis, muito mais baratos, para colocar em suas latas de sorvete vazias. As vendas estouraram. E Deborah foi parar na capa do Relatório Anual do General Foods, empresa controladora da Kibon até sua incorporação, no final dos anos 80, pela Philip Morris.

**MÃE CORUJA** — "Deborah chegou dizendo que ia derrubar as paredes", diz Timothy Altaffer, diretor de marketing da empresa. Logo nos primeiros dias de trabalho, ela chamou um a um dos diretores da empresa e avisou: "A partir de agora, nenhum projeto sairá das pranchetas sem o conhecimento de toda a equipe". Outra marca de seu estilo de gestão é o estímulo à participação. É o terreno ideal, diz ela, para a inovação. Por isso, Deborah faz questão de acompanhar de perto o programa de estágio e de trainees da empresa. "Eles não temem a hierarquia", diz. "Falam exatamente o que pensam sobre as qualidades e os defeitos da corporação."

A dedicação à carreira afastou-a, pouco a pouco, de pequenos prazeres pessoais. As aulas de ginástica foram interrompidas. Sessões dedicadas a ouvir compositores clássicos também escassearam. Livros? Só há tempo para textos sobre negócios, principalmente os escritos por James Belasco e Tom Peters. Casada, pela segunda vez, com um empresário do ramo atacadista, Deborah só não abre mão de ser uma mãe coruja. Leva Jessica todos os dias à escola. Nos fins de semana, não se incomoda de enfrentar longas filas no cinema com a garota para assistir a filmes como *Gasparzinho*. "Só planejei duas coisas na vida", diz ela. "Ser gerente de produto e ter uma filha."

> "Gosto de desafios. Sem eles não há como crescer na carreira"

*Deborah com a filha, Jessica: Gasparzinho e jornadas de 14 horas*

Primeira aparição na revista Exame, com Jessica, em 1995

---

## OS VENCEDORES

# DEBORAH PATRICIA WRIGHT

Ao assumir o cargo de presidente da Q-Refres-Ko em maio de 1995, Deborah Patricia Wright de certa forma fez história. Pela primeira vez alguém de saias atingia uma posição tão alta na hierarquia da Philip Morris International, grupo ao qual pertence a Q-Refres-Ko. Deborah sentou-se na cadeira de principal executivo da Q-Refres-Ko, líder nacional do mercado de refrescos em pó e confeitos, com um faturamento de 220 milhões de dólares em 1995, em meio a um terremoto corporativo. Um rumoroso caso de suposta espionagem industrial, envolvendo altos executivos da empresa, abalava a imagem da Q-Refres-Ko. Deborah teria, ao mesmo tempo, que enfrentar as investidas da Arisco no mercado e o assédio cada vez maior das gulodices importadas. Solução: trabalhar 14 horas diárias à frente de um batalhão de diretores (todos homens), três fábricas e 2 000 funcionários. Ainda em 1995, a Q-Refres-Ko se transformaria em Suchard, com marcas e produtos renovados. "Entramos nesse desfile costurando a fantasia", diz ela. "É um desafio e tanto. Mas vale a pena."

Única mulher na lista dos melhores executivos de 1995 da revista Exame

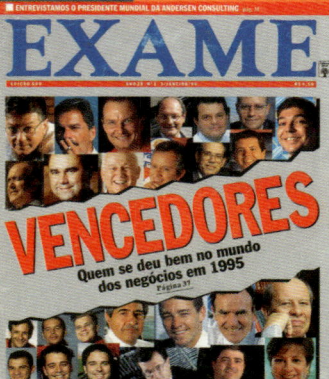

Na reportagem interna, destaque para os resultados da Kraft Suchard

**EXAME**

**VENCEDORES**
Quem se deu bem no mundo dos negócios em 1995

▶ **Episódio dos CEOs com a *Veja*: carta entregue ao diretor de redação**

São Paulo, 8 de Junho de 1999

À
Editoria da Revista Veja
At. Sr. Tales Alvarenga
Nesta

Senhor Editor,

Foi com desagradável surpresa que tomamos conhecimento da reportagem da edição 1.601 de VEJA, intitulada "Salários de 1 milhão", na qual os signatários aparecem como entrevistados. Nosso profundo descontentamento com essa matéria está baseado nas seguintes razões:

- Quando contatados por VEJA para as entrevistas, fomos informados de que o interesse da revista era o de destacar estratégias de sucesso de alguns executivos situados em posições de destaque em empresas líderes de mercado.

- Em nenhum momento, nem de longe, foi mencionado que a abordagem da referida matéria poderia ser o que foi, com foco sobre os rendimentos pessoais dos entrevistados – assunto de foro íntimo e sobre o qual nenhum dos signatários discorreu ou aceitaria discorrer em público. Na verdade, a dois dos entrevistados foi assegurado que no âmbito dessa reportagem, não se tocaria no aspecto de remuneração. Anexamos cópia do questionário enviado pelo repórter a um dos entrevistados, que caracteriza muito bem a divergência entre o que se cobriu nas entrevistas e o infundado destaque dado aos rendimentos dos entrevistados.

- Consideramos lamentável a atitude do jornalista autor da reportagem, que nos procurou para, supostamente, dar depoimentos sobre um tema específico de gestão empresarial e dos negócios, e acabar colocando os entrevistados em um contexto totalmente diferente do originalmente proposto.

- O título da reportagem, além de não corresponder à realidade do grupo de entrevistados e obviamente buscar apenas impacto jornalístico, expõe irresponsavelmente os entrevistados, sob vários aspectos, inclusive no tocante à sua segurança pessoal e à segurança de seus familiares.

Consideramos deplorável a ação, neste episódio, de um órgão de imprensa com a respeitabilidade e a importância de VEJA. Foi uma atitude que não honrou a tradição dessa influente publicação.

Alcides Tápias — Alvaro de Souza — Deborah Wright
Maria Silvia B. Marques — Maurício Botelho — Mauro Molchansky
Nildemar Secches — Paulo Ferraz — Paulo Silveira

Cc: Sr. Roberto Civita

▶ **No mesmo episódio, resposta de Roberto Civita**

**Abril**

Avenida das Nações Unidas 7221
São Paulo SP Brasil 05425-902
3037-2030 telefone
3037-2100 fax

Roberto Civita
Diretor Presidente

São Paulo, 14 de junho de 1999

Ilmo. Srs.

Alcides Tápias
Alvaro de Souza
Deborah Wright
Maria Sílvia B. Marques
Maurício Botelho
Mauro Molchansky
Nildemar Secches
Paulo Ferraz
Paulo Silveira

Em primeiro lugar, quero apresentar minhas desculpas por não ter podido recebê-los pessoalmente na semana passada. Tales Alvarenga, diretor de redação de VEJA, me contou de seu encontro com alguns de vocês, e posso lhes assegurar que – da parte dele – foi penoso, mas positivo.

A carta enviada pelos amigos foi publicada na edição de VEJA desta semana. Gostaria de acrescentar que concordo plenamente que, neste caso, VEJA não honrou sua tradição de fazer bom jornalismo, uma vez que isto necessariamente inclui o respeito devido tanto para com suas fontes como as pessoas e instituições que focaliza.

A Abril, seu presidente, VEJA e todas as nossas redações consideram que ética jornalística é a pedra fundamental de nosso trabalho diário. Ao longo dos anos, construímos uma sólida reputação na imprensa e na cena brasileira graças ao fato de nos pautarmos por seus princípios rígidos, dos quais nunca nos afastamos – e nossa história confirma isso.

Episódios como este, felizmente raros, tornam-se objetos de reflexão e nos deixam lições que, acreditem, fazemos questão de aprender e dividir com todas as gerações de jornalistas desta casa, para evitar que se repitam.

Mais uma vez, peço desculpas por todo o transtorno causado pela reportagem de VEJA, e coloco-me à disposição para qualquer esclarecimento ou providência adicional que julgarem necessário.

Cordialmente,

cc.: Tales Alvarenga
Thomaz Souto Correa

Em 1999, revista *IstoÉDinheiro* anuncia minha ida para a Parmalat

## Negócios

# O FURACÃO WRIGHT

**PERFIL**

Seu primeiro nome é Deborah. Depois da Kibon, Gessy e Coral, ela assume a Parmalat

*[texto da reportagem da IstoÉ Dinheiro, 03/02/99, sobre a trajetória profissional de Deborah Wright — da Kibon, passando por Philip Morris, PGV de São Paulo, Gessy Lever, Tintas Coral, Suchard (Philip Morris), até assumir a presidência da Parmalat na América do Sul e no Brasil, sucedendo Gianni Grisendi. Destaca sua gestão à frente da Coral, sua saída da Kibon e o reconhecimento de Alaor Gonçalves, diretor da Coral, sobre sua indicação para o cargo.]*

---

## Uma "fera" no topo da Parmalat

*[texto da Gazeta Mercantil sobre Deborah Wright, sua trajetória como trainee no departamento de marketing da Kibon em 1980, passagem pela Van Den Bergh, Gessy Lever, Refinações de Milho Brasil, retorno à Philip Morris como gerente-geral da divisão Suchard, e sua chegada à presidência da Parmalat Brasil. Menciona sua experiência como profissional exigente e a expansão da empresa, faturamento, planos para a Parmalat e perspectivas futuras.]*
(P.C.M.)

Retratada no clássico bico de pena da *Gazeta Mercantil*, 1999

**Deborah: presidente de três empresas completamente diferentes em menos de quatro anos**

# E agora?

*"Toda saída é uma entrada para outro lugar"*
Tom Stoppard, dramaturgo inglês

A história recente de Deborah Wright, uma das mais importantes mulheres de negócios do país, mostra que qualquer executivo — mesmo o mais cotado — deve estar preparado para vácuos na carreira

**Por Cristiane Correa**

A JOVEM E ELEGANTE senhora da foto acima é uma das mais cortejadas executivas do Brasil corporativo. Deborah Patricia Wright, 43 anos, comandou a Kibon, presidiu a subsidiária brasileira da inglesa ICI, uma das maiores empresas químicas do planeta, liderou a segunda maior operação da italiana Parmalat no mundo e ajudou a colocar em pé a operação virtual do Pão de Açúcar. Em 1999, quando EXAME publicou uma série de perfis das grandes executivas brasileiras, lá estava Deborah, ao lado de nomes como Maria Silvia Bastos Marques, presidente da CSN, e Marluce Dias da Silva, diretora-geral da Rede Globo de Televisão. No início de 2000, a revista *Você s.a.* solicitou a

Sobre a saída da Amélia.com, matéria da *Exame* em 2001

Com Thais Chede
e Maurizio Mauro
na Abril

Com Laurentino
Gomes no Maximidia

Com Antonio Costa,
diretor da Dinap,
Abril

No Festival de Publicidade
de Cannes, com Nizan
Guanaes e Thais Chede

Na festa de 50 anos com minha mãe

E com os filhos Livy, Carlos Eduardo e Jessica

Com meu pai, minha mãe (à direita) e Leuza, segunda esposa do meu pai

# MELHOR COM ELAS

Pesquisas relacionam a presença feminina no conselho de administração a bons resultados financeiros — e ajudam a trazer pragmatismo à discussão sobre diversidade no comando das empresas

**CRISTIANE MANO,**
DE NOVA YORK

**PAULISTA FLÁVIA ALMEIDA E A CARIOCA DEBORAH** Wright encontram-se pelo menos uma vez por mês para pegar um voo em São Paulo rumo à sede da rede de varejo de moda Lojas Renner, em Porto Alegre. Elas são hoje as duas mulheres entre os oito profissionais a participar das reuniões mensais do conselho de administração da varejista, que faturou 2,9 bilhões de reais em 2011. É a proporção mais equilibrada entre homens e mulheres ao longo de mais de três décadas de existência do conselho da empresa. Deborah chegou em 2008, e foi a segunda mulher contratada para compor o time (depois da consultora Glória Kalil, que permaneceu entre 2005 e 2007). Na Renner, ela tem sua quarta experiência num conselho. Flávia, que já trabalhou na consultoria McKinsey e dirigiu a holding Morro Vermelho, dos controladores da Camargo Corrêa, chegou em outubro de 2011 para sua sétima passagem nesse nível. "Tem sido uma experiência muito intensa", diz Flávia. "Como se trata de uma companhia de capital pulverizado, as principais decisões dependem quase integralmente da posição do conselho."

Casos como o de Flávia e Deborah são raríssimos no Brasil. Hoje, as mulheres ocupam apenas 5% das vagas nos conselhos de administração no país. E o dado, é bom lembrar, inclui herdeiras — um universo estimado em pelo menos metade desses postos. A presença feminina nesse nível, no entanto, começa a deixar de ser exceção no mundo. Um levantamento realizado pelo banco Credit Suisse com 2 360 empresas em 46 países mostra que 41% delas tinham mulheres no conselho em 2005. No ano passado, já eram 59%. A presença feminina, de acordo com o estudo, está associada a resultados melhores. O lucro das empresas com pelo menos uma mulher no conselho cresceu mais — 14%, ante 10% das demais companhias

**ESPECIAL | gestão**

FLÁVIA ALMEIDA E DEBORAH WRIGHT (À *DIR*.), CONSELHEIRAS DA RENNER: parte do restrito grupo de mulheres na instância máxima de poder das empresas brasileiras

Em reportagem da revista *Exame*, com Flavia Buarque de Almeida: conselheiras da Renner

**Mulheres conselheiras pelo mundo**
Em porcentagem

| País | % |
|---|---|
| Noruega | 44,2 |
| Suécia | 26,9 |
| Finlândia | 25,7 |
| Dinamarca | 18,1 |
| Estados Unidos | 15,2 |
| África do Sul | 14,3 |
| Canadá | 13,0 |
| Holanda | 12,3 |
| Reino Unido | 11,5 |
| Irlanda | 10,1 |
| Áustria | 9,2 |
| Austrália | 8,3 |
| Alemanha | 7,8 |
| Brasil | 7,7 |
| França | 7,6 |
| Luxemburgo | 7,2 |
| Bélgica | 7,0 |
| Suíça | 6,6 |
| Espanha | 6,6 |
| Grécia | 6,0 |
| Itália | 2,1 |
| Portugal | 0,8 |

Fonte: Catalyst

...da diversidade, desde que os profissionais tenham competência

ValorLIDERANÇA

Especial Executivas
do jornal *Valor*

**Valor LIDERANÇA**

*Executivas*

**AS MELHORES GESTORAS DE EMPRESAS NO BRASIL**
▸ Os desafios para as novas gerações
▸ Próximo passo: os conselhos de administração

[ PAINEL EXECUTIVO ] INFORME PUBLICITÁRIO

GESTÃO & CARREIRA*

# Deborah Wright

Membro do Conselho de Administração das Lojas Renner

"Integro o Conselho de Administração da Renner há quatro anos. Como o controle acionário é bastante pulverizado, o órgão tem uma atuação efetiva e desempenha realmente o papel de definir as estratégias da companhia. Já exerci a função de CEO e, como conselheira independente, tive experiências quando ainda dispunha de uma agenda executiva. Essa bagagem contribui para que eu possa colocar meu conhecimento a serviço da estratégia da organização, compondo e interagindo com os demais membros para pensar a longo prazo e garantir a perenidade do negócio. Resultados financeiros e controles compõem um dos pilares dos Conselhos de Administração. Outro diz respeito às estratégias de crescimento, enquanto um terceiro fator primordial está relacionado às pessoas. Atração e retenção dos melhores, desenvolvimento, políticas de remuneração e recompensa estão na pauta do dia, pois só com profissionais competentes e engajados é possível concretizar os planos e alcançar os resultados desejados."

**Só com profissionais competentes e engajados é possível alcançar os resultados**

No Painel Executivo, da *Exame*: mulheres em conselho

Inspirando jovens com a palestra "Caminhos de carreira", em 2019

Em 2022, conselheira do IBGC

Gravando para o projeto Trajetórias, da Jabuticaba Conteúdo

Reportagem do jornal *Valor*

Eu, Zé e Jessica, em 2004

Com o Zé em 2012, em Las Vegas

Com meus primos Walter e Lillian Willets, em 2013

Paris, em 2013

Na formatura da Jéssica, em 2014

No meu aniversário, em 2021

Isadora com o pai e a tia Livy

Com minha neta, Isadora

## UMA GRANDE ROUBADA

Em junho de 1999, fui entrevistada por um repórter da revista VEJA, da Editora Abril, que, supostamente, estava escrevendo sobre os desafios da carreira executiva e a importância de uma estratégia bem elaborada no sucesso das organizações. O jornalista conversou com alguns profissionais para saber como as coisas se davam na prática. Além de mim, havia outros sete executivos na reportagem: Maria Sílvia Bastos Marques, presidente da Companhia Siderúrgica Nacional (CSN); Alcides Tápias, presidente da holding Camargo Corrêa; Álvaro de Souza, vice-presidente do Citibank para a América Latina; Maurício Novis Botelho, diretor-presidente da Embraer; Mauro Molchanski, presidente da Globopar; Paulo Ferraz, presidente do Banco Bozano Simonsen; Paulo Silveira, presidente da Blockbuster no Brasil.

Em nenhum momento o repórter nos disse que estávamos sendo entrevistados para uma reportagem que falaria sobre remuneração — informação preciosa para os sequestradores que atuavam no Brasil. Aliás, durante a entrevista, não falamos no assunto. Ele conversou com cada um de nós e, além de colocar alguns comentários com aspas nossas aqui e ali no texto, fez uma espécie de ficha técnica sobre nossa carreira com itens como área de atuação, tempo no cargo, formação e desempenho. No trecho que se referia a mim, o item "desempenho" dizia: "Não houve tempo ainda para mostrar resultados". Isso porque, quando a revista saiu, eu tinha apenas três meses como diretora geral da Parmalat Brasil.

A reportagem que tinha o título "Salários de 1 milhão" caiu como uma bomba! Tinha até chamada na capa: "Os executivos do clube do milhão". Um diretor da minha equipe, que trabalhava na Parmalat há anos, veio me questionar sobre o texto, que era completamente mentiroso! Não entendia por que a empresa pagava para ele um salário tão modesto, já que tinham me trazido do mercado a peso de ouro.

Nós, os oito entrevistados, ficamos revoltados e nos reunimos para discutir qual seria a melhor resposta e como endereçar o ocorrido. Resolvemos escrever uma carta para Roberto Civita, presidente e acionista controlador do Grupo Abril, que, decidimos, seria entregue em mãos. Demos vazão ao nosso profundo desagrado, argumentando que havíamos sido enganados, pois em nenhum momento nos informaram sobre o verdadeiro teor da reportagem. Organizamos um grupo de representantes, no qual eu me incluí, que foi pessoalmente para a Editora Abril. Como nos disseram que Civita estava viajando, fomos recebidos pelo Tales Alvarenga, então diretor de redação da VEJA. Estávamos todos bastante aborrecidos e me lembro de Alcides Tápias, com o dedo em riste, dizendo para Tales que nunca imaginou que uma revista séria como VEJA poderia ter feito uma reportagem sobre o assunto de forma tão leviana. Foi nesse dia que encontrei pela primeira vez o jornalista e escritor Laurentino Gomes, autor da trilogia *1808*, *1822* e *1889*, entre outros sucessos. Três anos depois, quando fui para a Abril, Laurentino comentou, rindo, que se lembrava perfeitamente do dia em que nossa comitiva de executivos poderosos adentrou a redação para tirar satisfação. Conseguimos uma retratação da revista e Roberto Civita nos escreveu, desculpando-se pelo ocorrido.

## CRIANDO A REDE

A vida tem coincidências que são mesmo incríveis. Foi por causa desse episódio da reportagem de VEJA que Álvaro de Souza e eu nos conhecemos. Anos depois, ele me indicou para o Conselho de Administração do Banco Santander, do qual foi presidente por vários anos, até final de 2021. Estou no Conselho do banco desde o final de 2017 e continuamos tendo uma relação profissional e pessoal muito boa.

# Saiu na mídia

"... Essas companhias já pagam salários superiores a 1 milhão de reais por ano a profissionais de primeiríssima linha. Além dos contracheques, vem um pacote de mordomias semelhante àquele do início desta reportagem. A bonificação anual por desempenho não está incluída na conta. Uma vez computado esse prêmio, já há no país executivos ganhando perto de 4 milhões de reais por ano.

O time do contracheque gigante era composto por menos de dez pessoas cinco anos atrás. São cerca de sessenta hoje, e a tendência é de crescimento. Desde o início da década, o salário dos executivos brasileiros disparou. No ano passado, a lista dos profissionais mais bem pagos do mundo colocava o Brasil em segundo lugar em matéria de salários grandes, atrás apenas de seus colegas americanos. Os números ficaram um pouco reduzidos após a mudança cambial de janeiro, mas o Brasil continua bem colocado. Os presidentes de empresa ganham, em média, 550 mil dólares por ano (veja quadro). É de dar inveja, não? Sem dúvida. Mas, talvez, seja mais proveitoso conhecer um pouco da vida dos superexecutivos e sua trajetória como forma de tirar algumas lições proveitosas para a própria carreira."

Trecho da reportagem *Salários de 1 milhão*, que provocou a crise que contei anteriormente (Leandro Loyola, revista VEJA, 09/06/1999)

E, se não fosse por ele, vocês não teriam acesso a todos os detalhes da história da reportagem da VEJA. Eu guardo tudo o que é relacionado à minha carreira (reportagens, certificados etc.), mas, enquanto estava escrevendo este livro, não conseguia encontrar nada relacionado ao episódio. Foi Álvaro quem me salvou, quando comentou comigo que, ao fazer uma organização em seu escritório, havia encontrado a pasta onde estavam os documentos daquela época.

## SURFANDO NA BOLHA

Sergio Averbach, o *headhunter* que me levou para o Amélia, estava recrutando alguns executivos para a empresa que seria criada a partir do projeto de internet do Grupo Pão de Açúcar, iniciativa liderada por Ana Maria Diniz, filha de Abilio Diniz. Aquela foi a época da bolha da internet. Estamos falando de 2000, período em que o mercado de ações norte-americano viveu uma fase que ficou conhecida como "exuberância irracional" por causa dos valores estratosféricos atribuídos a algumas *startups* de tecnologia que surgiram na época.

Foi a consultoria Accenture que construiu o plano de negócios do Amelia.com.br — uma ideia genial, aliás. A começar pelo nome e o conceito do Amélia: o site resolveria todas as questões domésticas para jovens mulheres urbanas que trabalhavam. O Amélia reunia conteúdo, comunidade e *e-commerce*, os chamados 3Cs da internet. O projeto era engenhoso e foi concebido com o estado da arte em tecnologia. O Pão de Açúcar já tinha um negócio incipiente de internet, o Pão de Açúcar Delivery, que iria ser incorporado pela nova operação. Beto Sicupira, sócio de Jorge Paulo Lemann e de Marcel Teles na GP Investimentos, era mentor de Ana Maria nesse projeto. Ele enxergava como fazer a venda para o mercado financeiro e a estratégia de acesso ao capital.

Iria nos abrir as portas de *private equities* que poderiam ser potenciais investidores.

Fui almoçar com Beto Sicupira no restaurante Ecco, em São Paulo. O entusiasmo e a certeza dele sobre o futuro da internet eram contagiantes. Comprei a ideia na hora — vinha a calhar, aliás, já que, naquele momento, tudo o que eu queria era sair da Parmalat. Também fiquei tentada por ter a oportunidade de começar um negócio do zero. Tratava-se de um *corporate venture*, com a grande vantagem competitiva de ter o Pão de Açúcar como retaguarda. Não seria necessário criar uma grande estrutura, uma vez que poderíamos compartilhar a do Pão de Açúcar, utilizando serviços como recursos humanos, jurídico e auditoria. Empreender com o apoio de uma empresa robusta tinha atrativos para mim. Sem falar que a oferta financeira também era tentadora. Quando fizéssemos o IPO, eu como CEO da futura empresa, teria direito a 3% do capital votante e os demais diretores contratados teriam 1% cada um.

Assim como o pai, Ana foi formada no varejo. Então, o controle de custos sempre foi realidade, não havia exageros e as histórias de desperdício das *startups* de internet, que circulavam nas reportagens da época, passavam bem longe de nosso projeto. *Startup* de *e-commerce* com DNA de varejo é muito bem controlada e tem cobrança de resultado.

==O período conhecido como bolha da internet ou bolha das empresas ponto-com foi uma fase especulativa que ocorreu ao longo da década de 1990 e fez o índice da bolsa eletrônica de Nova York, a Nasdaq, disparar e alcançar mais de cinco mil pontos em março de 2000, a máxima histórica até então. Os índices começaram a despencar no dia 10 de março e continuaram a cair. No início de 2001 as ponto-com que não haviam sido vendidas ou que não se fundiram com outras empresas simplesmente desapareceram do mercado.==

Sem falar que Abilio é do tipo que não perde nem no par ou ímpar — e a Ana seguia a mesma cartilha. Ou seja, teoricamente, o sucesso estava garantido. Doce ilusão...

## ADMIRÁVEL MUNDO NOVO

Fiz uma apresentação do projeto Amélia em Paris, durante um evento de empresas ligadas à internet. Sabem quem estava lá? Jeff Bezos, fundador da Amazon. Isso foi em 2000. A Amazon ainda era nova no mercado, mas já chamava a atenção. Ninguém naquele momento poderia imaginar estar diante do nascimento de uma das empresas mais valorizadas do mundo nos dias atuais. E o Amélia participou do mesmo evento! Nós éramos muito valorizados, tínhamos excelentes credenciais e o potencial de sucesso era considerado elevado pelos especialistas que nos avaliaram.

Acredito que, tirando o fato de ser uma oportunidade única de negócio, Ana uma vez me disse que enxergava o Amélia como uma maneira de mostrar para o pai que ela reunia todas as qualidades de uma grande empresária, que sabia identificar boas oportunidades de investimento. E era para ter sido assim mesmo, porque foi tudo bem planejado, todos os detalhes foram levados em consideração e ponderados nos cálculos do plano de negócios. Na hora do *valuation*, ou seja, quando a empresa fosse avaliada para uma possível sociedade, não só o *business plan* seria considerado, mas também o time e sua capacidade de entrega — e estávamos muito bem em todos esses quesitos.

Beto Sicupira abriu para nós a porta de todos os *private equities*. O Cyro Averbach, diretor financeiro do Amélia, e eu fizemos um *roadshow* para atrair interessados para a primeira rodada de investimentos. Masayoshi Son, do SoftBank, deu-nos a melhor avaliação que um projeto de internet como o Amélia poderia conseguir (SoftBank é um conglomerado de tecnologia, telecomunicações e internet de origem japonesa fundado na década de 1980 por Masayoshi Son, que é sócio de negócios globais como Alibaba e Uber, e brasileiros como Gympass e Loggi). O SoftBank nos avaliou em US$ 200 milhões (eu estava bem satisfeita com a possiblidade de receber 3% da nova empresa) e queria comprar 30% de participação.

Trabalhei de perto com Jan Boyer, responsável pelos investimentos do SoftBank na América Latina. Ele dizia que o projeto Amélia era de longe o melhor do mercado e que, por isso, o SoftBank seria nosso sócio. Essa já era uma grande vitória, pois ter um selo de qualidade do SoftBank era passaporte carimbado no mundo da internet. Abilio negociava, dizendo que o *valuation* deveria ser de US$ 800 milhões e que concordava em vender até 15% de participação. O modelo de negócios do Amélia era bastante inovador para aquele estágio da internet. Era um híbrido de três modelos norte-americanos: Martha Stewart para o conteúdo, I-village para comunidade e Webvan para e-*commerce*. Os analistas ficaram em dúvida quanto à nossa valorização, pois não havia um comparativo direto. A ambição do Abilio no fundo não era tão fora de contexto. Seu plano era iniciar o negócio, conseguir a entrada de um *private equity* de renome e partir para o IPO pouco tempo depois. Seria quase uma operação especulativa, era o jogo da internet. O problema é que o prazo curto em que se colocavam esses objetivos não nos daria o tempo necessário de construção e de consolidação do negócio. Abilio não era muito pró-internet e, na época, ele mesmo dizia que entendia pouco daquela dinâmica.

## RITMO FRENÉTICO

Em mais ou menos seis meses, saímos de zero para 450 funcionários. Trabalhávamos nos finais de semana, não só para recrutar o time, mas também para construir e colocar o site no ar, o que foi feito em quatro meses. Era tudo muito intenso, corrido, mas todo mundo estava motivado, o ambiente era excelente. Depois de passar por uma empresa de internet ligada ao varejo, o meu senso de urgência mudou para sempre. A velocidade da internet é outra. Foi um aprendizado fantástico. Não havia tempo a perder, tudo era questão de *timing*. A estratégia podia ser perfeita, mas o *time-to-market* era essencial, principalmente porque havia tecnologia envolvida. Primeiro, você lança e, depois, corrige na próxima versão atualizada. Atualizações, aliás, seriam uma constante, incorporando aprendizados.

Naquele tempo, a banda larga não existia ainda. Era linha discada e a conexão caía toda hora. Muitas vezes, o cliente perdia tudo no meio de seu pedido. O conceito do Amélia estava adiantado para as condições tecnológicas existentes naquele momento e para a maturidade do mercado. Acredito que as pessoas compravam no Amélia apenas porque gostavam da proposta, já que a experiência de usuário (UX) era ruim. Nós criamos uma marca forte praticamente sem investimento publicitário, apenas com relações públicas. Atraíamos uma visibilidade e um interesse enorme da mídia. Por ser um modelo original e vencedor, praticamente toda semana éramos assunto de reportagens.

## VENDEDOR DE ESPUMA

Das muitas reuniões que fizemos no Amélia, houve uma com o financista Roger Wright, do banco de investimento Garantia, que fazia um *pitch* para ser nosso *advisor*. Na ocasião, Wright disse que o Amélia poderia valer US$ 7,5 bilhões depois do IPO. Era pura futurologia, tudo teria que sair melhor do que planejado para que essas previsões se concretizassem. O Grupo Pão de Açúcar, conglomerado tradicional de lojas físicas, fundado em 1948, lembro-me que valia US$ 8 bilhões e faturou em torno de R$ 9 bilhões em 2000, em valores da época. Notei que Abilio parecia muito irritado no final da reunião e fui conversar com ele para saber o que havia acontecido. Ouvi o seguinte comentário: "Deborah, vou contar uma coisa para você: sou varejista e nunca vendi espuma na minha vida. E está tarde demais para eu começar a fazer isso". Entendi perfeitamente seu desconforto, porque era tudo impalpável. Época especulativa, de bolha, de muita irracionalidade. O Amélia, nesse momento, faturava US$ 12 milhões/ano, o que era considerado bem razoável para uma *startup*.

Aquele foi um *turning point* para o projeto. Depois da reunião, Abilio decidiu discutir o assunto com os conselheiros, que recomendaram que ele saísse do negócio. "O mercado mudou. Você perdeu o *timing*, a janela de oportunidade fechou". Não se sabia quanto tempo levaria para o mercado voltar a estar favorável para uma abertura de capital. Mas, como vimos hoje, empresas nascidas na mesma bolha que o Amélia depois se consolidaram, como é o caso da B2W, fundada em 2006, resultado da fusão entre Americanas.com, Submarino e Shoptime. Considerada pioneira no *e-commerce* brasileiro, seu valor de mercado era estimado em R$ 34,3 bilhões em maio de 2021. Vinte anos não me parece um prazo longo demais para construir uma nova empresa, de conceito inovador e à base de tecnologia, que avançou muito nesse período. Se tivéssemos continuado, digamos que por mais uma década, certamente seríamos agentes na consolidação do *e-commerce* nacional.

## MORTE PREMATURA

A fase Amélia foi incrível. Tive oportunidade de fazer apresentações para os *private equities*, algo inédito para mim, e de ver como funcionava a questão do *valuation* — isso só para citar duas coisas.

O início do projeto foi em março de 2000 e, em fevereiro do ano seguinte, eu já estava fora. Ou seja, o projeto durou cerca de um ano. Começamos atrasados — quando a bolha da internet estava murchando. Se tivéssemos começado na mesma época (1998) em que Marcos Moraes, empresário que criou o Zip.Net, serviço gratuito de correio eletrônico vendido três anos depois para a Portugal Telecom por US$ 365 milhões, teríamos completado o ciclo do negócio e eu, muito provavelmente, teria feito um longo cruzeiro pelas ilhas gregas para comemorar.

A ideia de Abilio sempre foi vender o Amélia rapidamente e, claro, lucrar, mas a bolha estourou pouco tempo depois que iniciamos a operação. Ele desistiu, mas as empresas ficaram. Caso do Submarino e da Americanas.com, todos contemporâneos do Amélia. Sinceramente, acho que Abilio foi precipitado, focou o curto prazo. Ele conversou com os membros do Conselho de Administração do GPA que, na época, era composto por nomes como o economista Luiz Carlos Bresser-Pereira e o banqueiro Fernão Bracher, fundador do Banco BBA. Abilio foi aconselhado a cancelar o projeto antes que consumisse capital. O mercado financeiro tinha mudado drasticamente de humor com relação à internet e não havia previsão de quando teríamos outra oportunidade para realizar o IPO. Dispensamos a equipe e eu praticamente fui a última a sair. Foi uma das coisas mais dolorosas que aconteceram na minha carreira. Eu já havia dispensado pessoas antes, mas, dessa vez, foi mais complicado, porque eram profissionais que eu mesma havia contratado.

O OUTRO LADO

# Minha eterna mentora

Depoimento de Maria Cecília Andreucci Cury, membro independente de Conselhos de Administração

Eu tenho com a Deborah uma história de inspiração, de aprendizado e de amizade. Antes de conhecê-la pessoalmente, ela já me inspirava como uma das raras mulheres que haviam rompido o teto de vidro e se tornado CEO. Quando a conheci, tive a sorte de encontrar a pessoa certa, na hora certa, que reconheceu meu potencial e me ajudou a cruzar a barreira da gerência para a diretoria, momento em que muitas mulheres ficam pelo caminho. Eu tinha 33 anos quando ela me entrevistou e me aprovou para uma vaga de gerente de marketing do Amélia, uma operação de comércio eletrônico à frente de seu tempo. Mesmo não reportando diretamente à Deborah, logo percebi que ela delegava, deixava a equipe trabalhar. Ao mesmo tempo, sabíamos que estava à disposição se precisássemos e que nos apoiaria nos conflitos corporativos.

No momento mais crítico do Amélia, quando os acionistas perderam o interesse pelo projeto, reduzindo-o de empresa independente a unidade de negócios do Pão de Açúcar, ela nos conduziu com integridade. Naquele cenário adverso, difícil para todo mundo, de redução de estrutura e de demissão de colegas, ela agiu de forma transparente e humana, mantendo a equipe ainda mais unida e engajada. O fim do Amélia foi frustrante, mas cada segundo em que estive lá valeu pela experiência de trabalhar num projeto digital pioneiro — e por ter conhecido a Deborah e outras pessoas que se mantêm queridas até hoje.

Por muito tempo mantivemos uma relação estritamente profissional e eventual. Ela me indicou ou me referendou para inúmeras posições. Na última década, contudo, passamos a nos ver com mais frequência e nossa relação evoluiu para uma amizade carinhosa. Estamos na Comissão de Estratégia do IBGC para a qual escrevemos — com outros dois colegas e sob a coordenação da Deborah — dois *papers* sobre diversidade, inclusão e equidade. Ao longo das discussões, pude conhecer ainda mais sua história e o quanto ela foi pioneira, abrindo caminho e levando outras mulheres junto. Ela continua assertiva, fala o que tem que falar, mas sempre de forma respeitosa. Nós quatro ficamos tão unidos que, duas décadas depois, repetiu-se no grupo de trabalho do IBGC algo que vi no Amélia: o trabalho acabou, mas o grupo continua unido. E muito disso se deve à liderança da Deborah. Eu certamente me beneficiei da presença dela no meu caminho.

## DISTRAÇÃO

Quando eu estava no Amélia, viajei a trabalho no jato executivo dos Diniz. Exatamente como aconteceu nos meus tempos de Parmalat com a família Tanzi. No caso de Abilio, os horários das viagens eram planejados em função de seus treinos físicos. Ele era extremamente disciplinado a ponto de chegar no Campo de Marte, em São Paulo, e embarcar em um helicóptero para ir à academia. Quando eu estava saindo do Amélia, tive uma excelente conversa com ele, que lamentou que o projeto tivesse que ser cancelado. Na ocasião, me disse que tinha entrado no negócio motivado por trocar seu jato executivo por um modelo mais novo. Foi honesto e, depois, eu até achei engraçado. A julgar por esse comentário, ficou claro que ele não tinha a mesma ligação com o projeto que Ana Maria e eu.

Nós entramos de corpo e alma no Amélia e, até hoje, tenho certeza de que se tratava de um modelo de negócio diferenciado e vencedor, de uma proposta de valor única. Começamos tarde demais para a festa especulativa dos IPOs e começamos cedo demais para ver um projeto tão à frente de seu tempo construído e estabelecido. E o principal acionista não estava comprometido com o longo prazo e agiu, no caso do Amélia, como investidor financeiro e não estratégico. Quando percebeu que a mudança de mercado o obrigaria a permanecer por longos anos em um negócio que ele via como paralelo e uma distração de seu principal foco, Abilio preferiu se retirar.

## VINHO DA VEZ

O Amélia é um branco chileno que ganhei de Petrônio Nogueira, um dos sócios da Accenture, consultoria que estruturou conosco o projeto do Amelia.com.br. Produzido pela Concha Y Toro no Vale do Casablanca e lançado em 1993, foi o primeiro Chardonnay ultra premium do Chile. Só tomei daquela vez.

# Saiu na mídia

"O hiato profissional pós-Amélia não tirou Deborah Wright da lista dos executivos mais cobiçados pelo mercado. Ela continua sendo procurada pelos *headhunters*. 'Nós mesmos já fizemos a ela duas propostas', diz Fátima Zorzato, da Russell Reynolds. 'Só que eram para empresas fora de São Paulo, e ela não está disposta a sair da cidade'. Ficar em São Paulo é uma de suas certezas. Outra é não voltar, tão cedo, a trabalhar numa empresa ponto-com, do tipo *startup*..."

Trecho da reportagem *E Agora?* de Cristiane Correa, sobre a saída de Deborah Wright do Amélia, em fevereiro de 2001 (revista EXAME, edição 735, nº 5, 07/03/2001)

## MONDAY, MONDAY

Posso dizer que o tempo que fiquei no Amélia valeu também por um MBA em varejo. Toda segunda-feira, religiosamente às 7h20, aconteciam as chamadas reuniões plenárias no auditório da sede do Pão de Açúcar, em São Paulo, na avenida Brigadeiro Luís Antônio, no bairro Jardim Paulista. Eu era convidada a participar, representando o time do Amélia. Nunca vou me esquecer do que vi e ouvi em algumas daquelas reuniões. Ter entendido antes como funcionava e se estruturava o varejo certamente teria feito muita diferença em minha carreira. Sempre trabalhei na indústria, tendo o grande varejo como um canal de distribuição importante. O que descobri no Amélia é que o jeito como os varejistas pensam e se organizam em nada se parecia com a visão que a indústria tinha deles à época.

O Abilio era hiperorganizado. Ele tinha implantado no GPA os conceitos de Stephen Covey, autor do livro *Os Sete Hábitos das Pessoas Altamente Eficazes*, sobre otimização de tempo. O Grupo Pão de Açúcar tinha processo, eficácia e a liderança impunha uma disciplina impressionante. Da reunião plenária saíam as pautas para todas as outras reuniões que aconteceriam na sequência. Nunca vi uma máquina tão azeitada, não se perdia tempo. No auditório, havia uma placa com os seguintes dizeres: "Acima de tudo somos varejistas e tudo começa com uma boa compra". A frase favorita de Abilio, segundo o que corria na empresa, era: "Não sabendo que era impossível, foi lá e fez". De fato, o que tinha escrito Jean Cocteau (poeta, romancista, cineasta, designer, dramaturgo e ator de teatro francês) representava a essência da competitividade do grupo e das ambições elevadas que eram estabelecidas.

No varejo, por conta da pressão do tempo, a visão tática acaba se sobrepondo às decisões estratégicas. Tanto que a meta de vendas das lojas era estabelecida por período: manhã, tarde e noite. Reação muito veloz! Não atingiu a meta? Tem que correr atrás! E Abilio se envolvia diretamente nisso, disparando ordens: "Mexam na loja! Abaixem o preço!". Certa vez, quando soube que a venda de carnes em uma loja estava muito abaixo do planejado, pediu que o responsável se levantasse e explicasse o porquê. O gerente, então, justificou-se, dizendo que o açougue que ficava em frente tinha preços mais competitivos. Aparentando estar muito aborrecido, chamou o responsável pela compra de carnes, que também estava na plenária, querendo entender como um açougue de bairro conseguia competir em preço com o Pão de Açúcar, que comprava toneladas de carne todo mês. Depois que ouviu tudo, Abilio decretou: "Vocês têm quinze dias para resolver esse assunto!". Ele era assim, duro, não media as palavras, algumas pessoas ficavam chocadas, mas era tudo orquestrado, porque a adrenalina do varejo é essa!

## LOJA DA VEZ

No Pão de Açúcar havia muitos, digamos, rituais. Um deles era um sorteio toda terça à noite para indicar que loja Abilio e a diretoria deveriam visitar na quarta pela manhã. Todas as lojas do país participavam e, para não correr o risco de passarem vergonha durante essa visita, estavam todas sempre organizadíssimas.

Na reunião plenária, Abilio comentava como havia sido a visita da semana anterior — e aí, dependendo do caso, sobravam elogios ou broncas homéricas. Nessa hora, ou o responsável pela loja em questão ficava sem caber em si de tanto orgulho ou daria tudo para que um buraco se abrisse no chão e ele pudesse desaparecer! E, assim como nos outros casos, nessa questão das lojas, Abilio estimulava que os responsáveis tomassem as devidas providências. Era quase como se ele gerisse um pequeno armazém, tamanho o nível de detalhes que conhecia. Para se ter uma ideia, ele conhecia e chamava todos os gerentes pelo primeiro nome. A frase "*retail is detail*" (varejo é detalhe) era outra de suas preferidas. Mais uma: "Varejo morno é varejo morto!". E Abilio estava certíssimo, porque em um negócio como o varejo, onde o papel da tecnologia é limitado, as pessoas precisam de uma liderança forte como a dele. Só sei que esse esquema funcionava, porque Abilio sabia alternar broncas com elogios, batia e soprava, como se diz popularmente. Então, quando alguém recebia um elogio, ficava nas nuvens.

## VIDA DE RICO

Empresa de dono, com controle familiar brasileiro, é muito diferente de multinacional. O personalismo do dono e de seus familiares se faz sentir no dia a dia do negócio. Certo dia, já no Amélia, ouvi o seguinte comentário: "Aqui no Pão, geralmente, um executivo novo, de mercado, chega valorizado e por certo tempo permanece em alto conceito. Porém, completado o seu ciclo, acabará deixado de lado, podendo até se tornar *persona non grata*." Nunca percebi que isso tenha acontecido assim comigo.

Outra observação importante: os acionistas têm uma agenda social intensa, têm influência e conhecem gente influente, o que torna seu nível de informação muito maior do que o da maioria das pessoas. Toda semana fazíamos reunião com a Ana. Ela é profissional e organizada, o que me deixava bastante confortável, já que também sou assim. Muitas vezes Ana aparecia com ideias e sugestões novas, bem aceitas pelo time. Eventualmente, isso significava mudanças de perspectiva, o que acarretaria o repensar de bases estabelecidas. Embora toda startup deva estar preparada para as chamadas "pivotagens" ou mudanças de rumo durante a sua construção, naturalmente nesses momentos meu papel era compreender, analisar e harmonizar. A sensação era de que havia um vento lateral que eu não sabia de onde soprava, aquilo me deixava intrigada. Um dia, ouvi um conselho valioso: "Deborah, você precisa saber com quem a Ana jantou na noite anterior".

## FILHA DE PEIXE...

Ana enfrentava o pai de uma maneira que poucos ousavam tentar. Quando ele exagerava e carregava nas tintas, era ela quem sinalizava e, mais de uma vez, a vi tendo conversas tensas com o pai. Na nossa presença, ela o chamava pelo primeiro nome.

O Abilio tem paixão pela filha, mas é duro, competitivo e a convivência entre eles não era fácil. No Pão de Açúcar todos diziam que Ana era o "Abilio de saias". Eu tinha exatamente a mesma impressão. Ela era quem acompanhava a empresa no dia a dia e seria a sucessora natural do pai, sem a menor dúvida. Muitas das inovações do Pão de Açúcar aconteceram por causa dela. O Amélia é um exemplo.

Ana foi a grande patrocinadora do Amélia dentro do Grupo. Participou desde o início da criação do conceito junto à Accenture. Isso antes de eu chegar, porque quando entrei já havia um *business plan*. Ela montou o time de executivos de primeira linha para colocar o projeto de pé e fazia questão de ter reuniões semanais comigo e com a diretoria. Também era a interface entre o Amélia e as outras bandeiras do Grupo. Ela nos ensinava os caminhos e nos abria portas dentro da organização. Além de torcer, estava 100% comprometida. Quando o projeto foi descontinuado, ela ficou arrasada, assim como todos nós.

A Ana sempre foi aberta e acessível. Mais que isso: ela foi uma excelente *coach* de varejo para mim. Insistiu que eu participasse das reuniões de segunda-feira de manhã, que foram uma escola. Como executiva, era quase tão disciplinada quanto o pai, antenada com as tendências de varejo e trabalhava muito.

# Saiu na mídia

Durante seus 17 anos no Grupo Pão de Açúcar, Ana Maria Diniz não teve moleza. A executiva tinha de provar sua eficiência em um ambiente predominantemente masculino — segundo ela, nos anos 1990, havia 'pouquíssimas' mulheres na companhia. E tudo com um obstáculo extra: se livrar do rótulo de filha do dono, o empresário Abilio Diniz.

Formada em administração de empresas pela FAAP, ela liderou dentro do GPA as áreas de recursos humanos e marketing, até chegar à vice-presidência, em 2001. Após a profissionalização da empresa, passou a comandar o braço social dos investimentos da família, o Instituto Península, além de outros dois projetos ligados à educação. 'Quando fui empreender depois de deixar o Pão de Açúcar, eu já tinha uma carreira, já tinha conquistado certo respeito dos meus pares', afirma. 'Não diria que foi mais fácil, mas foi diferente'."

Trecho da reportagem *O obstáculo contra o qual mais lutei foi ser a filha do dono, não ser mulher* publicada em maio de 2015 na revista ÉPOCA NEGÓCIOS

## MUDANÇA DE HÁBITO

Sempre fiz exercícios físicos, mas dos 30 aos 40 anos, por conta da maternidade e da carreira, tornei-me sedentária. Por isso, costumo dizer que essa foi uma década perdida no quesito cuidar de mim. Voltei a incluir os exercícios físicos em minha rotina quando fui para o Amélia. Nós ficávamos num andar de um dos prédios do Pão de Açúcar na avenida Brigadeiro Luís Antônio, logo abaixo da academia para os funcionários, que era superequipada. Tínhamos acesso aos melhores nutricionistas e *personal trainers* — tanto que, ao sair de lá, contratei a profissional que me acompanhava. Ela ficou dez anos comigo. Atualmente, treino com um *personal* que também trabalhava na academia do GPA. Foi mais ou menos nessa fase da vida que deixei de comer carne vermelha. Modifiquei meus hábitos alimentares e voltei a incluir a prática regular de atividades físicas em meu dia a dia. Sou eternamente grata à minha passagem pelo GPA, pois nesse período incorporei o valor de ter qualidade de vida. Havia uma cultura de apoio à saúde e à boa forma física, que só me fez bem.

A família Diniz frequentava a mesma academia, o que consistia em exemplo e estímulo aos funcionários. Lembro-me que num final de ano fui com os demais executivos para a Fazenda da Toca, no interior de São Paulo, que hoje pertence ao Pedro Paulo. Há uma figueira centenária maravilhosa logo na entrada. Quando a gente chegou, Abílio já tinha corrido, jogado tênis, nadado. A Ana, também. São amantes do esporte e possuem um estilo de vida de atleta.

### O QUE APRENDI COM ESSA SITUAÇÃO

Sempre aceitei os contratos que me ofereceram, mas devia ter adquirido o hábito de ter um advogado para me orientar. No caso do Pão de Açúcar, como havia acontecido na Parmalat, a oferta que me fizeram me pareceu correta e assinei. Acontece que o valor de um executivo é um na hora da chegada e outro muito menor na saída. O Amélia era um projeto de risco, tanto que ao ser completado eu teria uma *up-side* importante. O que me faltou foi negociar uma cláusula de saída caso o projeto fosse encerrado ou interrompido.

Esse foi mais um caso em que não soube exercer minha capacidade negocial. O momento era de entusiasmo pela oportunidade que a internet oferecia e a verdade é que estava atraída pelo projeto e pela possibilidade de empreender com o suporte da estrutura de uma empresa grande. Tive um pacote de saída justo, comparado ao que aconteceu com outros executivos que se arriscaram em projetos de internet naquele momento. Mas se tivesse a cláusula, estaria mais protegida.

Aprendi quando fiz *coaching* com a Vicky Bloch, ao analisar minha carreira, que nas minhas saídas da Coral e da Parmalat eu estava com o vetor de saída muito forte. E, nessas circunstâncias, nossa capacidade de julgamento fica comprometida. Eu me apaixonei pelo Amélia e embarquei. Poderia ter ido para telecomunicações, que era outro setor que estava recrutando executivos com experiência em consumo. Na mesma época, fui convidada pelo *headhunter* Robert Wong, da Korn/Ferry, para participar de um processo de recrutamento para a posição de CEO da BCP, empresa de telefonia móvel criada após as privatizações dos anos 1990. Se fosse uma decisão apenas pelo pacote financeiro, teria ido para a BCP. Robert Wong nunca escondeu que, para ele, eu havia feito uma escolha errada. "Ela sempre soube que era muito grande para o Amélia", teria dito a um jornalista.

# 3

# Dos 45 anos em diante

NOVOS ARES

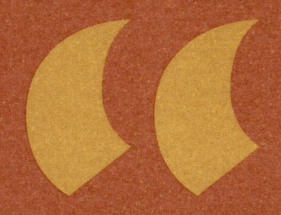

"
Se você quiser que digam algo,
peça a um homem.
Agora, se quiser que façam algo,
peça a uma mulher"

Margaret Thatcher, ex-primeira-ministra
do Reino Unido

# 3
# Dos 45 anos em diante

NOVOS ARES

# E A VIDA ME DEU UM CARTÃO AMARELO

Depois que saí do Amélia, treinava corrida todos os dias. Cheguei a me inscrever na São Silvestre, mas me machuquei antes da prova. Canalizei minhas energias para a atividade física, enquanto participava de entrevistas para uma nova oportunidade.

Foi Luiz Felipe D'Avila, marido de Ana Maria Diniz, quem me indicou para Maurizio Mauro, que foi presidente executivo do Grupo Abril de 2001 a 2006. Tempos depois que saí do Amélia, D'Avila me ligou, perguntando se podia enviar meu currículo para MM, como o chamávamos carinhosamente. Acredito que, nessa mesma época, Luiz Felipe estava negociando sua própria ida para a Abril. Após vender a revista *Bravo!*, publicação sobre cultura da qual era *publisher*, ele se tornou diretor-superintendente da unidade de negócios responsável pelas revistas femininas da empresa.

Entrei no Grupo Abril em 2002, como vice-presidente comercial, responsável por vendas, marketing corporativo e atendimento ao cliente. Fiz uma série de entrevistas. Maurizio Mauro deve ter passado uns bons quatro meses me entrevistando e me conhecendo melhor. A decisão de me juntar ao time executivo que conduziu o *turnaround* da empresa foi muito bem pensada. Tenho que agradecer o aprendizado desse processo e reconhecer que, talvez, essa qualidade de reflexão não tenha acontecido na minha escolha de ir para a Parmalat nem para o Amélia.

Meu cargo era estratégico para a empresa, já que todas as receitas seriam geradas pela minha área — daí o cuidado na minha contratação. Dando sequência ao trabalho de redesenho iniciado pela Booz Allen & Hamilton, Maurizio organizou a Abril suportada por dois grandes pilares: área Comercial e área de Serviços Compartilhados. Um modelo de negócios didático, um desenho clássico pensado por consultorias que separavam áreas que criavam demandas e áreas que atendiam demandas. Esses são os dois principais eixos e megaprocessos que movem qualquer organização. Centralizando essas funções, criavam-se oportunidades de sinergia, mais eficiência e redução de custos. As unidades de negócios seriam clientes internos das duas áreas e poderiam focar a criação de conteúdo, a gestão de suas marcas e a geração de oportunidades adicionais em publicidade. Foi uma grande mudança para a organização, pois trabalhar em estrutura matricial exige maturidade e aprender a conviver com dupla linha de comando. O projeto estava bem-feito e detalhado, mas o sucesso da implementação dependia, em última instância, das pessoas e de sua vontade de fazer acontecer.

Éramos quatro vice-presidentes, dois escolhidos internamente e dois que Maurizio trouxe do mercado. Formávamos o núcleo duro da equipe, fechados com o objetivo de colocar a empresa nos trilhos e de retomar o caminho do crescimento lucrativo. A empresa estava bastante endividada em dólar, fruto dos investimentos feitos em infraestrutura de televisão por assinatura. Os empréstimos haviam sido contraídos na época da âncora cambial, com o dólar pareado ao real. Com a desvalorização a partir de 1999, a dívida ficou insustentável. O projeto era complexo e, novamente, eu, que sempre gostei de um bom desafio, fiquei entusiasmada com a oportunidade.

Mal sabia o que me esperava: três meses depois de ser contratada, recebi um diagnóstico de câncer de mama. Eu tinha 45 anos. A doença, ainda bem, foi descoberta precocemente. Assim que tudo foi confirmado, procurei Maurizio. Lembro-me que era uma sexta-feira, ele estava sem espaço na agenda — e eu estava tão preocupada que perguntei se poderia ir até sua casa no sábado de manhã. Expliquei que tinha uma situação pessoal complexa a relatar e ele concordou. Chegando lá, contei sobre o câncer e a cirurgia que iria fazer em breve. "Entrei na empresa há apenas três meses, a proposta de trabalho me encanta, mas não sei o que vai acontecer comigo. Então, gostaria que você ficasse à vontade para decidir e tomar a melhor decisão. Se quiser interromper minha contratação, vou entender".

Falei tudo sem chorar... a emoção veio depois. Ele respondeu de imediato, sem pestanejar, que não pensava de jeito nenhum em me dispensar. "Contratamos você para o longo prazo, vamos virar essa empresa e ela vai continuar sua trajetória de sucesso. Você não veio apenas para fazer um *turnaround management* e ir embora seis meses depois. Vá cuidar de sua saúde e me avise quando puder voltar, pois o cargo é seu!" Minha admiração e gratidão para com MM são eternas!

Eu fui à consulta sem ter muita ideia do que iria acontecer dali para a frente. Mesmo assim, disse para o médico: "Vou me internar na quinta à noite para fazer a cirurgia na sexta. Tenho uma reunião importantíssima na terça da próxima semana, que não posso perder". Ele me olhou, incrédulo: "Vamos com calma, Deborah. A gente ainda não sabe o que vai encontrar e acho que você não entendeu direito o que está acontecendo com a sua saúde. Você já me disse que é uma executiva ocupada e cheia de projetos. Já entendi tudo isso. Mas você vai ter que se afastar por um tempo para se cuidar". Imaginem, a vida estava me dando um grande cartão amarelo e eu preocupada em não decepcionar no trabalho. O médico me olhou com a certeza de que eu não estava no juízo perfeito. E eu olhava para ele pensando: "Você não me conhece... eu já troquei de emprego quando estava grávida...".

Tive uma sorte enorme, porque não precisei fazer nem radioterapia nem quimioterapia. E, ainda bem, entrei em remissão. No final, fiquei mesmo apenas uma semana afastada do trabalho. Com a cabeça que tenho hoje, certamente, teria tirado um pouco mais de tempo para me cuidar. Teria procurado apoio na psicoterapia, além de todos os outros cuidados médicos — estes eu cumpri à risca. Teria me permitido ficar vulnerável, minha cobrança interna é implacável!

Eu tratei o câncer como um projeto. Tinha tudo esquematizado, como se tivesse uma lista das providências a serem tomadas. Eu sou assim: quando acontece alguma coisa grave, entro no modo racional e avanço como um trator para resolver a situação. A emoção chega depois.

## UMA EXPERIÊNCIA E TANTO

A mudança do modelo de comercialização e distribuição em bancas de jornal, uma nova visão para esse canal tradicional de vendas, foi um dos projetos mais bem-sucedidos que tocamos na Abril. Historicamente, as revistas eram distribuídas igualmente para todas as bancas do país, independentemente de sua localização e potencial de vendas. Até então, não tínhamos resultados mensurados e conclusivos que relacionassem, por exemplo, a venda de títulos com a geolocalização da banca ou a área de influência do ponto de venda. Não se havia investido para entender melhor o comportamento da demanda a partir de sua localização geográfica. O modelo era típico de um momento anterior do mercado em que o produtor — no caso, o editor —, determinava o que cada leitor poderia e deveria ler. O papel do canal era simplesmente garantir a presença física. A crença dominante era que, a partir de certa tiragem ótima, o custo por exemplar a mais era marginal e, portanto, nada impediria um título grande de conseguir uma distribuição horizontal massiva. A presença e a visibilidade no ponto de venda, além de uma capa impactante, seriam os principais fatores de impulso às vendas.

> O Grupo Abril chegou a ser o maior conglomerado de comunicação da América Latina. Seu desempenho foi pautado por altos e baixos. Um endividamento que teve início no final dos anos 1990 levou a empresa a estar tecnicamente quebrada em 2004. Maurizio e sua equipe conseguiram fazer o *turnaround*, acertar a base de custos que levou o EBITDA de 10% para 21%, o que permitiu novos termos de negociação junto aos bancos credores e um alongamento da dívida. Recebemos aporte do Capital Group Private Equity e, por fim, em maio de 2006, a família Civita optou por vender 30% de participação societária para um investidor estratégico, o grupo sul-africano de mídia Naspers. Mais recentemente, uma nova e derradeira crise selou o destino da Abril. Com uma dívida de R$ 1,69 bilhão, o grupo entrou em recuperação judicial em agosto de 2018 e foi adquirido em 2019 por Fábio Carvalho, dono da Cavalry Investimentos.

O mercado, no entanto, já estava fragmentado com muitas pequenas editoras produzindo um número crescente de novos títulos que acabavam lotando as bancas. Com isso, conseguir a visibilidade desejada passou a ser um desafio. O excesso de capacidade de produção gráfica instalada no país também era um fator que impulsionava esse movimento. E anos de crise econômica haviam estimulado os donos de bancas a ampliar o leque de produtos ofertados, que passaram a brigar com as revistas pelo pequeno espaço do ponto de venda.

Conceitos de varejo, já amplamente em uso em outras categorias, como a clusterização e a classificação de bancas e um estudo de mix ideal de títulos que maximizasse a rentabilidade de cada ponto foram testados e introduzidos.

Em nossa gestão, dividimos as bancas em quatro segmentos de acordo com os resultados que produziam. A iniciativa deu certo, pois foi um meio de fazer com que títulos mais segmentados pudessem ter uma distribuição mais direcionada e menos determinada pelo volume e abrangência das grandes revistas da casa, caso de VEJA e EXAME. Para ajudar nesse processo, contratamos a Integration, consultoria especializada em estratégia, gestão e operações. Para liderar a Dinap e o trabalho de racionalização de distribuição e logística, eu trouxe o Antônio Costa. Durante a minha gestão, para citar apenas três nomes, contei também com o Dimas Mietto, diretor de marketing, com o Fernando Costa, diretor de assinaturas, e com a Thais Chede, diretora de publicidade.

O OUTRO LADO

# Uma pessoa do bem

Depoimento de Maurizio Mauro, ex-presidente da Booz-Allen e da Abril

Se eu fosse definir a Deborah em uma frase seria: "Uma pessoa que acredita no bem". Eu não conheci muitas outras pessoas com essa capacidade de ter um olhar positivo das coisas. Além disso, ela é uma mulher de energia inesgotável e soube lidar com a minha impaciência e intransigência de uma forma muito equilibrada. Ela foi capaz de colocar ordem nas áreas de vendas, publicidade e circulação da Abril que, sob certos aspectos, eram um desastre. Tudo isso no ritmo dela, convencendo-me de forma natural, com argumentos. Ela ia contando as coisas aos pouquinhos, primeiro as boas, depois ia soltando as ruins em conta-gotas, para eu não me irritar logo de cara. A Deborah tinha esse jeito de me convencer que os outros não tinham. E, mesmo quando eu fechava o tempo, ela conseguia abrir espaço para que eu me arrependesse. Essa foi uma contribuição imensa que ela deu ao processo de reengenharia da Abril, mas também para mim, pois me ajudou em tarefas que não precisava ter ajudado, em que poderia ter se omitido.

Para mim, a doença, assim como a alegria e a dor, fazem parte da vida. Por isso, quando ela veio me contar que estava com câncer, a única coisa de que me lembro é que sofri por ela, e disse: "Olhe, vá cuidar da vida, não se preocupe com o trabalho. Ele é irrelevante para mim neste momento, porque a minha prioridade é você como pessoa". Se ela não tivesse se exposto, eu não teria como apoiá-la. Ao mostrar sua fragilidade naquele momento, ela me permitiu deixar claro que a prioridade era a sua cura. Depois disso, acompanhei em silêncio e, quando ela queria falar alguma coisa, ela vinha e falava. Nossa relação evoluiu para amizade e ela sempre compartilhou comigo não só as questões profissionais, mas também as pessoais.

Quando estávamos conversando para ela assumir a vice-presidência da Abril, fiquei em dúvida sobre como ela se sentiria, já tendo sido CEO, numa posição em que teria um chefe. Ela não teve problema algum. Seu grande desafio foi o de fazer funcionar uma estrutura comercial que era formada, em grande parte, pelos líderes das unidades de negócios, que não eram subordinados a ela. Era um desafio monumental, mas a Deborah, com o seu jeito, conseguiu fazer isso muito bem em todas as áreas, ajudando mais onde precisava mais e ajudando menos onde precisava menos.

E para o grupo de vice-presidentes, todos experientes, ela levou equilíbrio, fosse nas palavras de tolerância e de solidariedade, fosse nos alertas para sermos mais prudentes. Nenhum de nós entendia da área comercial e foi um desafio enorme para ela trazer a leitura dessa área para dentro dos desafios que a empresa tinha. Historicamente, como empresa de conteúdo, vendas não era uma área prioritária. Por isso, ela herdou de longe a pior equipe que tinha na Abril, salvo algumas exceções. Era um desafio complicado, mas ela se entregou a ele com verdade e transparência. A Deborah é certinha, com a saia um dedo abaixo do joelho e, para mim, era um alívio conversar com ela, porque era uma conversa aberta, franca. E foi assim que nós nos conhecemos, que convivemos num período importante de nossas vidas.

## O FINAL DO PERÍODO ABRIL

Saí da Abril em 2007. Maurizio Mauro tinha ido embora um ano antes. Havia arrumado a casa e deixado tudo pronto para a abertura de capital na bolsa de valores, mas Roberto Civita capitulou e decidiu pela volta da família para a operação (quando MM assumiu, Civita tinha ido para a presidência do Conselho Consultivo) e pela venda para a Naspers. MM entendeu por bem que, nessa configuração, não havia mais sentido continuar na empresa. Sua saída foi bastante tumultuada, houve emoções envolvidas, principalmente por parte da família Civita.

Acredito que as coisas teriam sido diferentes se o Grupo Abril tivesse optado naquele momento por fazer o IPO. Maurizio Mauro e seu time de administradores, provavelmente, teriam permanecido durante mais um tempo para terminar o processo de profissionalização da gestão. Abrir o capital iria levar a empresa para outro patamar de governança. O caso é que isso significaria o afastamento definitivo de Roberto Civita da gestão, algo que era muito difícil para ele. Eu compreendo o desejo de Civita de querer permanecer no comando ou pelo menos próximo dele — aquela empresa era a razão de ser de sua vida! A venda para os sul-africanos pode ter sido mais vantajosa para os acionistas controladores, mas a decisão que ele tomou provou não ter sido a melhor para o negócio. Essas são meras especulações pois, quando escolhemos uma direção em uma encruzilhada, de nada adianta olhar para trás e lamentar o caminho que resolvemos seguir.

Nada mudaria a tendência de queda de audiência e do fim da dominância da chamada mídia tradicional. Avizinhava-se o fim dessa época de ouro para o Grupo Abril e para a Editora Globo. Quinze anos atrás, já discutíamos a disrupção que os meios digitais causariam e os caminhos possíveis de futuro para um grupo de comunicação. A dificuldade naquela época e que, eu acredito, ainda continue sendo um belo desafio, era monetizar e garantir lucratividade similar nesse novo modelo.

Fechava-se para mim mais um ciclo. Foram cinco anos de construção e a realização profissional de ter entregado o objetivo negociado e combinado. Participei de inúmeros projetos interessantes, aprendi demais sobre outro setor e sua dinâmica, tive o privilégio de conviver com uma geração de talentos jornalísticos e de colegas administradores igualmente de classe mundial. O Grupo Abril era uma casa extraordinária de cultura, de conhecimento e de educação. A paixão de Roberto Civita se fazia presente na cultura da empresa e, depois que ele faleceu em 2013, tenho certeza de que a ausência de seu entusiasmo característico foi sentido. A árvore símbolo guardarei para sempre comigo.

A estrutura criada por Maurizio Mauro foi posteriormente desmontada, com a volta do modelo anterior, que já tinha se provado ineficaz. É curioso como esse fenômeno é comum e se repete no mundo corporativo. Compreendo e apoio que cada liderança traga o seu estilo e finque a placa de "sob nova direção". Porém, muito valor acaba perdido nesses processos e, para citar uma das inúmeras frases de Roberto Civita: "Jogar fora o bebê com a água do banho é burrice!".

Seja como for, de aprendizado sobre mudanças e lideranças transformacionais, fica para mim o seguinte corolário: mude sempre em intervalos determinados; centralize e descentralize em movimentos planejados e, a cada vez, assegure-se de ter feito pelo menos uma redução da estrutura, dos custos fixos e simplificado os processos.

## VINHO DA VEZ

No jantar de despedida de Maurizio Mauro, nós o presenteamos com uma caixa de Tignanello, tinto italiano que é um de seus favoritos. Ao erguer o brinde, ele fez um discurso emocionado, agradeceu-nos e disse: "Passei quatro anos treinando vocês a gostarem de bons vinhos. Não percam tempo bebendo vinhos ruins!". *Salute, Maurizio! Ti sarò per sempre grata!*

O Tignanello é resultado de uma experimentação: na década de 1970, Piero Antinori, membro de uma tradicional família produtora de vinho da Toscana, na Itália, resolveu fazer um *blend* com a uva italiana Sangiovese e as francesas Cabernet Sauvignon e Cabernet Franc. A questão é que isso não era permitido entre os produtores de vinho Chianti, que tinham um selo de procedência para atestar a qualidade da bebida que deveria ser produzida exclusivamente com uvas da região, como a própria Sangiovese, que teria que ser predominante, além de Canaiolo, Trebbiano e Malvasia. A ideia de Antinori vingou e o vinho foi lançado em 1971 e batizado de Chianti Classico Riserva Vignetto Tignanello.

O Tignanello é um dos supertoscanos mais cobiçados até hoje. Supertoscanos são os vinhos daquela região italiana, e não seguem as normas da denominação de origem, mas que ficaram muito famosos, pois rapidamente caíram no gosto dos consumidores. O nome vem da propriedade dos Antinori que produz o vinho: Tenuta Tignanello.

## EU E OS PUBLICITÁRIOS

Por diferentes motivos, a publicidade sempre esteve presente na minha vida profissional. O meu primeiro estágio foi na Alcântara Machado Periscinoto Comunicações, a Almap. Fui trabalhar com o Alan Grabowsky na área de pesquisa e planejamento.

Quando entrei na Kibon, a Almap era a nossa principal agência e meu contato com o Alex Periscinoto se estreitou bastante. Ele sempre esteve por perto. O diretor de criação era o Ercílio Tranjan, uma pessoa muito especial, sem ego, que deixava o cliente aparecer. Era inteligente, culto e sempre compartilhava conosco os filmes ganhadores dos prêmios Clio, nos Estados Unidos, e de Cannes, na França. Tivemos uma parceria de muitos anos. Daquela época, lembro-me que o Dorian (Dodi) Taterka produziu e dirigiu comerciais memoráveis criados pelo Ercílio para a Kibon. Depois que o José de Alcântara deixou a sociedade, eu acompanhei a luta do Alex para fazer a sucessão na Almap. O acerto só veio quando ele contratou três jovens talentos vindos da DM9: José Luiz Madeira, Alexandre Gama e Marcello Serpa. Trabalhei próxima dos três e, juntos, ganhamos muitos prêmios.

Fabio Fernandes também está entre os grandes criadores do país. Ele cuidou durante um tempo da conta da Kibon pela Young & Rubicam e se mostrou genial. Lembro-me que fazíamos reuniões de *briefing* para falar sobre estratégia e objetivos, com dados e informações. Quando terminava, ele dizia: "Agora, preciso ir embora e esquecer tudo o que você disse. Não consigo criar uma campanha de impacto se ficar com isso na minha cabeça". Ele me ensinou que era importante deixar o espaço de criação. É dele o slogan "alimento disfarçado de sorvete", criado quando queríamos mostrar ao consumidor que o sorvete era mais do que um produto gostoso. Como tinha leite e frutas, podia ser considerado alimento. Muitos anos depois, encontrei-o na entrega do prêmio Caboré, promovido pelo jornal *Meio & Mensagem*. Ele me chamou de "a grande dama do marketing brasileiro da minha geração", elogio que me tocou.

Estar próxima dos grandes criativos era ótimo, mas eu também gostava de acompanhar as áreas de pesquisa. As empresas de consumo eram adeptas do uso de sondagens para entender o comportamento do consumidor, mas eram as pesquisas das agências que traziam os *insights* mais criativos. Na Young & Rubicam, que era presidida por Christina Carvalho Pinto, a primeira mulher a liderar uma agência de publicidade no país, quem cuidava das pesquisas era o Jaime Troiano, que depois criou a própria empresa de *branding*. Em outras agências, fui atendida por um time de pesquisadoras de primeira linha. Na Almap, era a Jaqueline Haas; na Ogilvy, a Clarice Herzog; na MPM, a Vera Aldrighi; e na DM9, a Wilma Rocca.

## PROGRAMA DE MILHAGEM

Acho que a publicidade brasileira tem três pais, e o Alex Periscinoto é um deles. Os outros dois são Luiz Salles (Salles/Inter-Americana) e Petrônio Corrêa (MPM). Eu tive o privilégio de estar próxima dos três. Certo dia, estava trabalhando na Abril quando recebi uma visita do Petrônio. Já estava com quase 80 anos, aposentado, mas batalhava pela adoção dos princípios do Conselho Executivo das Normas-Padrão da Atividade Publicitária (Cenp), de 1998. Ele, que já tinha ajudado a fundar o Conselho Nacional de Autorregulamentação Publicitária (Conar), em 1981, queria acabar com a guerra que estava sendo travada em torno da remuneração das agências.

Creio que foi nos anos 1970 que o Grupo Globo criou um sistema de incentivo, uma espécie de programa de lealdade para premiar as agências que mais compravam seus espaços publicitários. O sistema ficou conhecido como Bonificação por Volume, ou apenas BV, e devolvia às agências até 20% da verba investida no veículo. Foi adotado em seguida pela Editora Abril e pelo mercado. Na Abril, fazia parte de minhas responsabilidades negociar as metas anuais diretamente com os CEOs das agências. Muitos anunciantes sentiam desconforto com esse modelo, não entendiam a importância do BV e julgavam que tinham direito a uma parte desse desconto. Esse tema foi amplamente debatido por todos os agentes de mercado. Com o aumento da concorrência nos anos 1990, algumas agências se viram obrigadas a reduzir o percentual de suas comissões. Chegou-se a um limite tal em que várias agências dependiam do BV para garantir sua rentabilidade. O Petrônio estava preocupado e argumentava que o fato de a propaganda brasileira ter tido uma regulamentação contribuiu para tornar a nossa publicidade uma das mais criativas do mundo. A Abril e a Globo foram as duas primeiras a aderir ao Cenp, que até hoje atua em nome das boas práticas comerciais entre anunciantes, agências de publicidade e veículos de comunicação. O Petrônio morreu em 2013, com 84 anos, mas deixou um grande legado para todo o mercado.

## SILÊNCIO, GÊNIO CRIANDO

Quando eu estava na Abril, uma vez por mês ia almoçar com o Luiz Salles e o Alex Periscinoto no restaurante La Tambouille, localizado no bairro Itaim Bibi, em São Paulo. Os dois eram grandes contadores de histórias. Já estavam fora do mercado, mas sabiam tudo o que estava acontecendo. O Alex sofria de insônia e, para ocupar suas madrugadas, fazia esculturas em madeira. Tenho dois patos lindos que ele me deu. Certa vez fui visitar seu ateliê, que estava repleto de obras incríveis, e lembro-me de ficar encantada com um cavalo de carrossel do tamanho dos que a gente vê em parques de diversão. No estoque, havia toras que ele iria cortar, serrar, talhar e envernizar. Era um artista e fazia tudo à mão. Modesto, ele dizia ser apenas um *hobby*.

A grande boutique de criação dos anos 1980 era a DPZ. Interessante como ela gerou talentos para o mercado: Washington Olivetto, Nizan Guanaes, Marcello Serpa e Alexandre Gama são alguns deles. Quando fui para a Parmalat, a conta era da DM9, agência que Nizan havia comprado de Duda Mendonça em 1989. Como éramos grandes anunciantes, eu tinha contatos regulares com Affonso Serra, um dos sócios, juntamente com Nizan Guanaes e Guga Valente. Trabalhar com o Nizan, que é muito talentoso, sempre era uma experiência intensa, pois ele é movido a adrenalina e muita paixão. Quando ele apresentava as ideias, eram sempre muito criativas, incomuns. Geralmente, isso implicava correr mais riscos. Ele estava sempre nos desafiando a fazer diferente. Nem sempre era fácil lidar com ele, principalmente quando se tratava de aprovar determinada linha criativa. Não havia garantias, mas, quando acertava, ele era brilhante.

## MÍDIA É CIÊNCIA

A área que defende o cliente dentro da agência é o Atendimento e Planejamento. Eu conheci alguns desses profissionais que realmente adicionavam valor: a Bettina Quinteiro me atendeu pela Age (agência de Ana Lucia Serra) quando eu estava no Amélia; nos tempos da Unilever, destaque para a Léa Mara Souto e a Erica Mitteregger, da Lintas Brasil, e para a Inah Antunes, da Ogilvy & Mather. Pela Almap, lembro-me com carinho da Leda Bednarski, José Luíz Archer Camargo e do Luiz Peixoto. Um bom atendimento tem método de trabalho, abre agenda dos criativos para falar com você, coordena os interesses do cliente dentro da agência.

Os profissionais de mídia estudam a melhor estratégia de veiculação para cada marca atingir o público-alvo. É um trabalho técnico, com base em dados de audiência. Lembro-me de um estudo antigo que dizia que uma pessoa precisava assistir três vezes a um comercial de 30 segundos para entender perfeitamente a mensagem. Uma exposição maior que sete vezes, já se tornaria repetitiva, afastando o consumidor. Encontrar o equilíbrio ideal entre cobertura e frequência é papel do mídia. Hoje, com a internet, o trabalho do mídia é quase cirúrgico, área técnica e especializada. Dentre os profissionais que ensinaram ao mercado o que era mídia, conheci o Wagner Yoshihara (Almap), o Paulo Queiroz (DM9), o Daniel Barbará (DPZ), a Ana Balleroni (Leo Burnett), a Marcia Pudelko (Ogilvy), a Maria Lúcia Cucci (Publicis) e o Angelo Franzão (McCann).

## PAPÉIS TROCADOS

Nos anos 1980, eu estava na Kibon quando recebi um convite inusitado: participar do *role reversal* (troca de papéis, em português), uma iniciativa do Clube de Criação de São Paulo. O encontro durava uma semana e consistia na inversão de papéis entre cliente e agência. Criativos de agências, como a Christina Carvalho Pinto e o Ercílio Tranjan, interpretavam os clientes; e nós, jovens oriundos das equipes de marketing das empresas, tínhamos que montar uma agência, definir as funções de cada participante do grupo e criar campanhas a partir do *briefing* que nos passavam. Meu time tinha que desenvolver um comercial para um aparelhinho que depilava a orelha e o nariz dos homens. Foi um processo estressante. Aprendi muito, recebi feedbacks duríssimos. O *role reversal* era uma forma criativa que as agências encontraram para educar e treinar uma geração inteira de profissionais de marketing.

Considero que tive o privilégio de conviver com essas lendas da publicidade brasileira numa época de muita efervescência e aprendizado. Impossível mencionar todos. Este relato é uma pequena amostra do talento do mercado publicitário brasileiro dos últimos quarenta anos.

## DESIGN & MERCHANDISING

Merece um destaque especial o papel que teve Luiz Antônio de Goés, sócio e criativo da agência De Goés, especialista na criação de embalagens, materiais de pontos de venda e promoções. Trabalhávamos em parceria; e o Luizão, um craque, foi responsável pelo desenvolvimento das melhores embalagens para a Kibon. Fotografar sorvete nunca foi tarefa trivial, mostrando o produto no ponto exato de cremosidade, sem derretimento, e, nos anos 1970, usavam *mock-ups* confeccionados com banha que, apesar de dar a ilusão de textura, eram um tanto *fake*. Goés nunca se conformou e desafiou um fotógrafo publicitário — Sergio Chvaicer, do estúdio Way of Light — a encontrar uma solução melhor, usando o próprio produto.

A solução ideal foi encontrada quando Chvaicer investiu em uma câmara frigorífica, onde o sorvete era fotografado em temperatura ideal para consumo. O fotógrafo usava roupas térmicas e ficava horas até obter o clique perfeito!

Esse é um exemplo do perfeccionismo e cuidado com detalhes que separam os verdadeiros criativos.

## MINHA ÚLTIMA POSIÇÃO EXECUTIVA

Em 2008, assumi como *country manager* da Ipsos, uma das grandes empresas de pesquisa e inteligência de mercado do mundo. Apesar de ser multinacional, a sensação era de trabalhar em uma empresa familiar. Didier Truchot e Jean-Marc Lech, copresidentes, eram sócios-fundadores e controladores. A estrutura era matricial, o que não era problema para mim, mas algumas situações que exigiam tomada de decisão não eram muito claras. Quem batia o martelo em caso de impasse? Como eu não tinha essa prerrogativa em algumas questões, perdia um tempo enorme tentando aprovar determinadas pautas. Por outro lado, precisava arbitrar questões relacionadas à diretoria e à gerência que, na minha visão e experiência, não deveriam ocupar o tempo do presidente de uma empresa. Um dos franceses era muito mal-humorado, de trato difícil. Eu ficava irritada com essa dinâmica e um dia falei para ele: "É complicado trabalhar dessa forma; a estrutura é engessada e eu não tenho poder no cargo que ocupo. Se soubesse que seria assim, não teria vindo".

Depois disso, a situação melhorou um pouco, mas continuava desgastante. Outra parte estressante do trabalho eram os projetos globais. Quando a Ipsos Brasil tinha, por exemplo, que participar de uma pesquisa encomendada por uma empresa asiática, por conta do fuso horário, as demandas do cliente chegavam para mim nos horários mais absurdos. Perdi muitas noites de sono e, nessas horas, pensava: "Por que estou fazendo isso comigo? Não preciso mais disso!". Eu estava com 53 anos.

Como a estrutura da Ipsos Brasil era relativamente pequena, tudo vinha parar na minha mesa. Geralmente, os profissionais de pesquisa são sociólogos, psicólogos, antropólogos... eles são intelectuais e acreditam que o gestor está ali para lidar com tudo o que não estiver relacionado à pesquisa. Então, era um tal de me pedirem para resolver desde o elevador quebrado até a compra de computadores. Aquilo acabou se tornando insuportável para mim. Sentia que minha irritação crescia com algumas situações, nas quais eu ficava inconformada com o mau uso das minhas competências. Fui percebendo que era uma questão da cultura organizacional.

Não se pode subestimar a influência da cultura e do impacto dela na sua inserção e adaptação à nova organização. Talvez, esse seja um dos maiores desafios para um executivo ao trocar de empresas. Não é processo simples até para os mais flexíveis. Só se descobre de verdade como são as coisas depois de ter assumido a posição.

Didier Truchot fundou a Ipsos e Jean-Marc Lech se juntou a ele alguns anos depois, tornando-se copresidente. A empresa começou basicamente com pesquisas políticas e cresceu em um modelo similar ao da Parmalat — ou seja, comprando outras empresas —, expandiu globalmente e tem capital aberto na Bolsa Euronext de Paris. Eram várias unidades de negócio: pesquisa política, de marketing, mídia, publicidade, lealdade de clientes etc.

## FORA DE MIM

Essas coisas todas foram se acumulando e eu não sei dizer exatamente como aconteceu, mas sofri um *burnout*, um esgotamento nervoso. Não me lembro de ter passado mal nem de ninguém ter ido me buscar no trabalho. Minha família começou a estranhar meu comportamento e resolveu intervir. Fui a um psiquiatra, porque a situação começou a ficar complicada. Meu cérebro, segundo o médico, entrou em *looping* e eu comecei a ficar confusa, meio delirante; com o pensamento acelerado, praticamente não dormia.

O psiquiatra recomendou me internar por uns dias, mas o Zé não aceitou e disse que cuidaria de mim em casa. O auge da crise durou uma semana e o processo todo levou uns dois meses. Tenho recordações vagas desse período, alguns flashes. Lembro-me da Jessica tirando o celular da minha mão e falando algo do tipo: "Mãe, estou pegando seu celular. Daqui a um tempo, quando você voltar a ser quem era, vai me agradecer por isso!". Acho que eu ligava e mandava mensagens para as pessoas compulsivamente. Estava fora de mim. Foi uma fase muito ruim. Sofri um episódio dissociativo, mas uma vez medicada, ele foi rapidamente controlado.

## PRESIDENTE, NUNCA MAIS

Depois desse episódio, o Zé me deu um ultimato: "Chega, não insista mais. Você tem que sair da empresa, precisa parar um pouco!". Concordei, não havia contra-argumento e pedi demissão da Ipsos. Desacelerei, mas não sou do tipo que consegue ficar parada; logo me envolvi com vários novos projetos, participo de Conselhos etc. Por muito tempo, quando recebia uma ligação, o Zé ficava preocupado, achando que poderia ser um convite para voltar ao mundo corporativo. Dizia para ele não exagerar na preocupação, mas o fato é que sou inquieta por natureza e preciso ter sempre um desafio novo. Reconheci que não podia voltar a encarar uma agenda na intensidade de antes, quando trabalhava 12 horas por dia, sob pressão o tempo todo. Agora, minha rotina é relativamente mais tranquila.

### O QUE APRENDI COM ESSA SITUAÇÃO

Essas questões de saúde mental do executivo são muito importantes, mais comuns do que imaginamos porque sempre foram escondidas. Ninguém fala sobre isso, por vergonha ou preconceito. A pandemia colocou luz sobre o tema, mas o fato é que executivos sob pressão sempre sofreram estresse ou esgotamento e tiveram que conviver com isso de alguma forma. As doenças da mente são invisíveis, não mandam avisos; quando a gente descobre, já está em crise. Esse episódio mostrou que ultrapassei meus limites. Eu acho que não me permiti o tempo necessário para a recuperação do câncer, mantive a rotina alucinada nos anos seguintes e isso culminou com o episódio dissociativo.

## CONSELHEIRA ACIDENTAL

Comecei a atuar como conselheira em 1999, por mero acaso. Eu era diretora geral da Parmalat no Brasil e a empresa tinha 51% das ações da Batávia — o restante do capital pertencia à Cooperativa Agropecuária Batavo, de produtores de leite de origem holandesa, com sede em Carambeí, no Paraná. Por conta disso, nós tínhamos dois assentos no Conselho, um era ocupado por Gianni Grisendi e o outro por mim. Íamos a uma reunião por mês, eles nos mostravam os resultados e voltávamos para São Paulo. Para ser honesta, eu não tinha uma ideia correta do que era um Conselho de Administração — até então, minha experiência profissional tinha sido apenas como executiva. Naquela época, ainda não eram conhecidos os conceitos básicos da boa governança corporativa — o IBGC (Instituto Brasileiro de Governança Corporativa) nasceu em 1995 — e muito menos se falava sobre a importância de conselheiros independentes.

## OUTRA VEZ

Em 2001, quando saí do Amélia, fui convidada para fazer parte do conselho da Escola Graduada (The American Graded School of Sao Paulo, escola internacional fundada em 1921). Depois da breve experiência no Conselho de Administração da Batávia, achei que seria uma boa ideia — até porque era uma maneira de ficar mais próxima da minha filha, que estudava lá.

Convivi com pessoas interessantes naquele Conselho que, em sua maior parte, era formado por pais de alunos e de ex-alunos. Tinha gente do mercado financeiro, advogados, profissionais com muita experiência. Todos eram voluntários. E o modelo da escola também é muito interessante: como é uma instituição *nonprofit,* ou seja, sem fins lucrativos, receitas e despesas precisavam ser igualadas e os investimentos vinham por meio de doações, principalmente de grandes corporações norte-americanas. O diretor à época, David Tully, era um educador excepcional. Nós, do Conselho, nos ocupávamos não só da parte administrativa, mas também da educacional. Foram quatro anos muito ricos.

## PROJETO DE FUTURO

Durante minha passagem pelo Conselho da Graded, participei de um projeto que era fruto de uma parceria entre a escola e a Alcoa, multinacional americana de alumínio. David Tully e Alain Belda, brasileiro que foi CEO global e presidente do Conselho da Alcoa, tinham um projeto de criar o Brazilian Institute of Management (BIM), a primeira faculdade bilíngue de administração de empresas do país. As filhas de Belda haviam estudado na Graded e sua ideia, com a criação do BIM, era ensinar liderança ética — algo, que segundo ele, era mercadoria escassa no Brasil e que representava o futuro.

Havia um acordo anterior entre Belda e a Alcoa Foundation de que, para cada dólar que ele investisse em algum projeto, a instituição colocaria outro dólar. O BIM começaria com US$ 1 milhão de *seed money*, na soma dos dois lados. O Belda apresentou o projeto ao Tully, que o abraçou e recrutou os conselheiros para participarem. Quando eu saí do Amélia, conversei com o Belda em Nova York. A gente se dava bem e ele me orientou em relação à carreira naquele momento de incerteza entre o Amélia e a Abril. A escola conseguiu que os ex-sócios do Garantia avaliassem o *business plan*. Lembro-me de que certa vez passamos um sábado com Jorge Paulo Lemann, Marcel Telles e Claudio Haddad discutindo o projeto e colhendo *feedbacks*. Quando começou o *roadshow* para apresentar o BIM em empresas norte-americanas, que seriam potenciais investidoras, Tully teve um câncer fulminante e faleceu pouco tempo depois. Como ele era o motor por trás de tudo, as coisas acabaram esfriando. Infelizmente.

Durante o período na Abril fui também vice-presidente da Associação Nacional de Editores de Revistas (ANER) e, por conta disso, recebi um convite para integrar o Conselho Superior do Conar (Conselho Nacional de Autorregulamentação Publicitária). Fiquei lá dois anos e convivi, dentre outros expoentes do mundo de mídia, com o Gilberto Leifert, que era do Grupo Globo. A gente discutia sobre governança, o futuro da propaganda, o contexto macro — uma experiência riquíssima!

## INCURSÃO NA ÁREA DA SAÚDE

Também fiquei dois anos no Conselho do Hospital Samaritano, fundado por imigrantes britânicos, no bairro Higienópolis, em São Paulo, que hoje pertence ao Grupo Amil. Foi mais uma atividade *pro bono*. O presidente do Conselho era o inglês Doug Munro, que era CEO da Hines, empresa de investimentos imobiliários, morava no meu prédio e estava em busca de uma conselheira. Acabou chegando ao meu nome por indicação de um executivo da Philip Morris, Timothy Altaffer, que também era do Conselho do Samaritano.

Esse período coincidiu com a construção do novo prédio em Higienópolis. O hospital estava passando pelo processo de reacreditação da Joint Comission International (JCI), a mais importante certificação da área de saúde. O CEO era um médico que não exercia mais a Medicina — por isso, cabia ao diretor clínico cuidar da rotina hospitalar. Era diferente de tudo o que tinha vivenciado antes, mas posso dizer que vi algumas semelhanças com o que encontrei na Abril e na Ipsos: aquela história de grandes e talentosos especialistas que não se revelam bons administradores.

## CONSELHEIRA PROFISSIONAL

Antes de sair do Samaritano, recebi um convite para integrar o Conselho de Administração da Lojas Renner, maior varejista de moda do país. Estávamos em 2008 e, àquela altura, já se falava bastante sobre governança. Eu, inclusive, tinha feito o curso de formação de conselheiros do IBGC, que se tornou referência na área.

A indicação do meu nome foi feita por José Olympio Pereira, então presidente do banco Credit Suisse. Ele tinha muita proximidade com José Galló, executivo gaúcho que esteve à frente da Lojas Renner por 27 anos e se notabilizou por uma gestão muito bem-sucedida, e com Francisco Gros, ex-presidente do BNDES e do Banco Central, então presidente do Conselho, que estava em busca de uma conselheira.

## MUNDO PEQUENO

E como José Olympio soube a meu respeito? Soube por Emílio Carazzai, CFO do Grupo Abril no tempo em que trabalhei lá. Em Conselhos, como pude perceber com o tempo, as indicações têm um peso muito grande. Somente cerca de 20% a 30% das posições são trabalhadas por *headhunters*. Claro que a indicação pura e simples não é suficiente para fazer de alguém um conselheiro. Além da competência profissional, porque os conselheiros se envolvem em questões estratégicas, que podem trazer consequências legais, o candidato a conselheiro também passa por uma série de entrevistas com o comitê de nomeações — ou comitê de pessoas —, com os acionistas e com o presidente do Conselho.

Miguel Krigsner, fundador do grupo paranaense O Boticário, também era membro do Conselho da Renner. Fazia contribuições valiosas, trazia uma visão diferente para as discussões. O empreendedor é mais intuitivo do que o administrador de empresas. Claro que Krigsner entende muito de administração — se não O Boticário não seria o que é hoje —, mas mantém o arrojo típico dos empreendedores. Krigsner tem apetite por risco, vê oportunidades nos anticiclos, o que é sensacional e algo que os administradores geralmente não fazem.

## MERGULHO

Nos últimos dois anos dos seis em que fui membro do Conselho da Renner, presidi seu Comitê de Sustentabilidade. Estou longe de ser especialista no tema, mas foi uma ótima imersão. A área de sustentabilidade na Renner havia sido iniciada pelo Jair Kievel, oriundo da Grendene. Ele fez um trabalho extraordinário até que foi promovido para a área de compras com a missão de garantir conceitos de sustentabilidade junto aos fornecedores. Para substituí-lo, contratamos a Ana Curia, que tinha uma formação acadêmica sólida. A Renner já atuava com logística reversa e havia construído um prédio certificado como LEED (*Leadership in Energy and Environmental Design*), conhecido como *green building*. E o Instituto Renner fazia um trabalho consistente na área de responsabilidade social. Mas a visão de que sustentabilidade era uma função das principais lideranças do negócio precisava evoluir. Ana foi fundamental para fazer a Renner entender esse e outros conceitos de Economia Circular, que muda desde a forma de extrair matéria-prima até a utilização de insumos, e estabeleceu os princípios do consumo consciente. Em 2014, a Renner passou a compor a carteira do Índice de Sustentabilidade Empresarial (ISE) da B3, que destaca empresas que atuam de forma socialmente justa, ambientalmente correta e são economicamente viáveis. Em conjunto com o relatório anual de administração publicávamos o relatório de sustentabilidade elaborado com os princípios GRI (*Global Reporting Initiative*).

## UM BOM CONSELHO

A experiência de vinte anos como conselheira me permite dizer que a atuação de qualquer Conselho de Administração se dá em três pilares principais:

**CONTROLE:** cabe ao Conselho supervisionar o desempenho econômico, financeiro e operacional da empresa, aprovar os balanços e garantir que os demonstrativos estão seguindo normas e boas regras contábeis, estando em *compliance*. Deve ainda assegurar a gestão de riscos, identificando-os e classificando-os conforme a sua materialidade, e discutir planos de mitigação e contingências que assegurem a continuidade dos negócios;

**ESTRATÉGIA:** não se trata aqui do plano estratégico do ano — esse é um assunto que diz respeito aos executivos. O Conselho é responsável pelo pensar estratégico, o olhar de longo prazo, o crescimento sustentável da empresa. Os conselheiros precisam avaliar a posição atual da empresa e a visão de para onde se pretende conduzir o futuro dos negócios. Tudo isso levando em conta de forma ampla a indústria em que atua. Esse olhar estratégico é uma de suas atribuições. No clássico artigo "Miopia em Marketing", publicado na *Harvard Business Review*, Theodore Levitt mostra que as ferrovias morreram porque definiram de maneira estreita seu mercado de atuação. Não tiveram a visão estratégica de que, para além de ferrovias, atuavam no mercado maior de logística;

**PESSOAS:** este, na minha opinião, é o pilar mais importante do trabalho do Conselho. Ele diz respeito à gestão dos talentos que farão a sucessão dos principais cargos. Como representante dos acionistas, é atribuição do Conselho questionar se a empresa tem as pessoas necessárias para construir o futuro que está sendo planejado e ajudar os dirigentes a encontrar esses profissionais dentro da companhia ou mesmo no mercado.

## TROCA DE COMANDO

E como o Conselho identifica os talentos da empresa? Começa olhando mais de perto as executivas e os executivos da primeira linha, ou seja, aqueles que se reportam diretamente ao CEO. Uma das formas de fazer isso é criando oportunidades para que esses profissionais façam apresentações sobre a organização ou sobre um projeto ou a área em que atuam, por exemplo. Isso permite que os conselheiros interajam com esses talentos e avaliem se preenchem os requisitos para serem considerados potenciais sucessores. Da mesma forma, olha-se também o segundo e o terceiro níveis da hierarquia para mapear talentos que, depois de alguns anos de preparação, estejam maduros para entrar na linha sucessória. Esse é um processo que corre em sigilo. Apenas CEO, RH e o Comitê de Pessoas têm conhecimento dessa movimentação.

Na época eu não percebi a intenção, mas no meu tempo de Philip Morris fui exposta ao Conselho de Administração, o que para mim parecia algo sem um motivo aparente: viajei a Nova York para participar de um jantar com os conselheiros da companhia. Não fiz nenhum tipo de palestra, mas fui apresentada a cada um deles. Outros cinco executivos responsáveis por operações em diversos países foram convidados para o mesmo jantar. Eu fazia parte da lista dos talentos que estavam sendo preparados para a sucessão. E, como de costume, era a única mulher entre os seis.

A escolha de sucessores, principalmente os que ainda vão levar alguns anos para estar profissionalmente maduros para assumir posições de mais responsabilidade, tem relação direta com a retenção de talentos. Quando identifica um profissional promissor, a empresa se preocupa em garantir sua permanência na organização. Isso pode vir na forma de remuneração variável, incentivos de longo prazo (ILP), patrocínio de cursos de especialização, oferta de *stock options*, bonificações em ações etc. É fundamental que as empresas tenham planos estruturados de retenção, mas tudo deve ser feito com cuidado para evitar que se crie uma "tropa de elite", um grupo que os outros funcionários identifiquem como o dos "eleitos" — o que é muito prejudicial para o clima organizacional.

## NINGUÉM É INSUBSTITUÍVEL

Na Renner, contamos com a ajuda de Rosa Bernhoeft, sócia-fundadora da consultoria Alba. Pedimos a ela que nos ajudasse a encontrar sucessores não só para Galló, mas também para os demais membros da diretoria executiva. No caso de Galló, a impressão para o Conselho era que, quando um diretor começava a despontar, dando sinais claros de que tinha ambições de ser o futuro CEO, ele passava a colocar o candidato em xeque.

Era nítido que Galló queria atrasar sua sucessão o máximo possível. Nunca soubemos se ele fazia isso de caso pensado, mas era visível que a ideia de se afastar do dia a dia era muito dolorosa para ele. E eu o entendo perfeitamente, pois a Renner era sua vida. Ele passou 27 anos como presidente. Negociou um contrato de risco quando assumiu a presidência, no início da década de 1990, e cresceu com a empresa. Ninguém

"...Os presidentes de empresa venceram todos os desafios da carreira. Conquistaram o cargo máximo da corporação. São invejados e reverenciados como heróis. Em torno dos 60 anos, um pouco mais, um pouco menos, porém, como pregam os manuais de governança, seu ciclo de vida corporativa se aproxima do declínio. A carreira, tal como eles estavam acostumados a pensá-la nos últimos quarenta anos, está perto do fim. Em outras palavras, a aposentadoria chega, com ou sem aviso prévio. Esse momento significa, para os CEOs, o retorno ao mundo das pessoas sem secretária particular, motorista ou decisões de milhões de reais. Sem convites para eventos, sem paparicos ou cartão corporativo.

É possível identificar a dificuldade para regressar ao mundo comum em dois tipos de depoimento detectados na minha pesquisa de mestrado. Em um deles, é demonstrada certa dificuldade para deixar a empresa, um apego, uma crença de que 'sou imprescindível, não me deixarão ir embora'. No outro, há a consciência de que a aposentadoria se aproxima, mas ela é vista como uma barreira, um empecilho a ser ultrapassado. Raramente a situação é vista como um processo comum, pelo qual todos vão passar, com ou sem planejamento..."

Trecho extraído do livro *O Chamado — Você é o Herói do Próprio Destino* (editora Atlas) de Maria Tereza Gomes trabalhou mais alinhado com os interesses dos acionistas do que José Galló.

Na minha avaliação, a resistência que ele tinha em passar o bastão era parecida com a de Roberto Civita — com a diferença de que Galló não era fundador nem fazia parte da família de fundadores da Renner. Na verdade, essa procrastinação do CEO em fazer a transição do comando é relativamente comum no mercado corporativo. Nosso objetivo era conseguir um sucessor para que Galló se afastasse da operação e ficasse apenas no Conselho. Essa busca demorou tanto que Galló adiou sua saída duas vezes. Eu saí do Conselho em 2014 e ele só se afastou da operação cinco anos depois. Mas a história teve final feliz: Fabio Faccio, que foi eleito diretor-presidente pelo Conselho da Renner em abril de 2019, foi uma indicação do próprio Galló, que, agora, exerce a função de presidente do Conselho.

## NOVAS POSSIBILIDADES

A estratégia para levar a sucessão de Galló a cabo era mostrar que havia vida depois da Renner. Para isso, começamos a estimulá-lo a participar de Conselhos de outras empresas. Sua primeira posição como conselheiro foi na Localiza, empresa mineira de locação de veículos. Depois, ele foi para o Conselho do Itaú Unibanco, como conselheiro independente. Galló levou o "olhar do varejo" para o banco. Imagine uma organização de engenheiros, como era originalmente o Itaú, com um conselheiro falando sobre a necessidade de "encantar o cliente", mote que se tornou uma espécie de marca registrada da gestão dele nos anos em que esteve à frente da Renner. Para quem achar que é um discurso fora de lugar, o que é um banco senão um prestador de serviço? Faz todo o sentido!

# Saiu na mídia

"...A história recente da Lojas Renner se confunde com a trajetória profissional de Galló, há quase 27 anos no comando da varejista. Por ironia, a princípio ele chegou para ficar pouco tempo. Em 1991, Cristiano Renner, neto de Antônio Jacob Renner, descendente de imigrantes alemães, que abrira a primeira loja em 1922, decidiu contratar Galló para um trabalho de consultoria com duração de três meses. O objetivo era bolar um plano para salvar de sérias dificuldades financeiras a então rede com oito lojas de departamento, que vendia de tudo um pouco para todo tipo de gente... Na Renner, a solução, segundo Galló, seria centrar o foco apenas na venda de roupas, a exemplo do que já fazia a C&A no país. Ao apresentar a ideia, foi convidado a executar o projeto como diretor-superintendente."

Trecho da reportagem *A Vitória da Disciplina*, de Aline Scherer sobre a Lojas Renner, a Empresa do Ano de 2018 (Edição Especial EXAME — MELHORES & MAIORES — AS 1000 MAIORES EMPRESAS DO BRASIL, agosto de 2018)

## O QUE APRENDI COM ESSA SITUAÇÃO

Uma das coisas mais difíceis para o executivo de sucesso é acertar o *timing* correto de conduzir a própria sucessão. A paixão e a energia dedicadas ao negócio alimentam a pessoa e podem até se tornar a sua razão de viver — mas esse processo precisa ter mecanismos de controle e rotas de saída bem claras. Acontece com grandes empreendedores, como Roberto Civita, mas também com executivos, como Galló, que dedicaram suas vidas às empresas. Toda posição tem um início e um fim e o ideal é que você, executivo, controle esse processo. Não espere que alguém avise que seu ciclo está concluído. Você dá sua contribuição de valor, gera resultados, deixa a sua marca e vai preparando a pessoa que irá sucedê-lo — e, então, parte para outro desafio. Se não fizer isso, a extensão demasiada de um ciclo pode criar todo tipo de distorção na hierarquia organizacional. Talentos que poderiam se desenvolver saem porque não têm espaço para crescer. A lógica da hierarquia corporativa é que os ciclos se abrem e se fecham e ela precisa ser renovada ou redesenhada constantemente. Um dos papéis mais importantes do Conselho é trabalhar na sucessão do CEO e da primeira linha de diretores executivos. É preciso reconhecer a hora certa de renovar o ciclo.

## EMPRESA DE DONO

Certo dia, a então diretora de recursos humanos da Eurofarma, Mikiko Shoji, convidou-me para uma reunião na empresa com Maurizio Billi, CEO e principal acionista. A Eurofarma é uma multinacional de capital 100% brasileiro, fundada em

1972, com sede em Itapevi, interior de São Paulo. Filho do fundador, Maurizio montou um Conselho Consultivo para exercitar a prática da governança, já que se tratava de uma sociedade anônima de capital fechado. Ele me ofereceu uma posição como conselheira, já apostando na diversidade. Quem fazia o papel de presidente do Conselho era o Plínio Villares Musetti, embora o cargo não existisse oficialmente. Os dois filhos do Maurizio também participavam das reuniões com o intuito de aprender. Foi minha primeira e maior experiência num Conselho de empresa de dono. Fiquei lá de 2013 a 2016, que é um ciclo bom para um Conselho.

As reuniões eram mensais e Billi sempre nos tirava da zona de conforto com suas ideias. Certa vez, ele nos disse que gostaria que fizéssemos uma projeção de como a Eurofarma estaria dali a 100 anos. Em outra, que pretendia levar a empresa para a China. Grosso modo, havia situações bem parecidas com as que vivi na Editora Abril — com a diferença que, na Eurofarma, eu não era executiva. Quando saí, agradeci a ele por ter desafiado várias crenças que eu trazia das corporações multinacionais. Como todo empreendedor, *self-made man*, ele conhecia o setor farmacêutico como ninguém; tinha um instinto aguçado e que às vezes não batia com um processo de tomada de decisão racional e estruturado como o meu.

Na minha escola, sempre que possível, devem-se pautar as decisões com base em fatos e dados. Tivemos situações em que Maurizio tomou decisões instintivamente e o Musetti dizia: "Se a sua empresa fosse de capital aberto, nós, conselheiros, pelo dever fiduciário, teríamos que aconselhá-lo a não seguir por esse caminho. No entanto, como acionista, dono dos recursos, você tem o direito de assumir o risco". No fim, eu me surpreendia: quase sempre o risco se pagava e o caminho escolhido por ele trazia bons resultados. É o empreendedor que aposta no contraciclo e quando acerta o retorno é recompensador.

# Saiu na mídia

"... As boas perspectivas animam ainda mais os executivos da Eurofarma, primeira multinacional farmacêutica de capital 100% brasileiro com operação própria em 20 países. As vendas de R$ 4,3 bilhões em 2018 apenas no Brasil refletem um crescimento bem acima do setor: 18%. A companhia, hoje a segunda mais prescrita do país, é a vencedora do anuário AS MELHORES DA DINHEIRO 2019 no setor Farmacêutico, Higiene e Limpeza."

Trecho da reportagem de Luana Meneghetti sobre a Eurofarma, vencedora do ranking *As Melhores da Dinheiro*, em 2019 (revista ISTOÉ DINHEIRO, 30 de setembro de 2019)

## PREOCUPAÇÃO COM O TIME

A maior parte dos funcionários da fábrica é mulher. Além de uma creche muito bem equipada, a Eurofarma oferece área de convivência com salão de beleza, academia etc. Há também dois centros de saúde — um de ginecologia e obstetrícia e outro de oftalmologia (a Eurofarma tem uma linha de produtos oftalmológicos) — para os colaboradores e seus familiares. Billi fazia tudo isso porque acreditava que os funcionários mereciam. O ouvi dizer algo do tipo: "É muito lucro e os acionistas não precisam de tudo isso". A empresa também paga salários acima do quartil mais agressivo do mercado. Claro que o *turnover* é praticamente zero. Na diretoria, mais de 30% dos cargos eram ocupados por mulheres, bem acima da média de mercado à época — algo que eu admirava!

No período em que participei do Conselho Consultivo da Eurofarma, foi contratado um diretor de operações que veio do Abbott, laboratório farmacêutico de origem norte-americana fundado em 1888 que opera em mais de 160 países. Esse executivo, que fez grande parte de sua carreira em multinacionais, comentou que nunca havia visto uma fábrica tão moderna e estado da arte em manufatura quanto a da Eurofarma, nem no Brasil nem na América Latina (ele estava se referindo ao complexo industrial que fica em Itapevi, a cerca de 40 km de São Paulo).

## MOVIDA A DESAFIOS

Quem me convidou para tomar parte no Conselho de Administração do Santander foi Álvaro de Souza, que conheci à época da reportagem da revista VEJA sobre os supostos salários milionários de executivos. Confesso que pensei muito antes de aceitar, porque não tinha vivência no mercado financeiro. Álvaro, que presidia o Conselho, afirmou que era justamente isto o que estava procurando: alguém que agregasse conhecimento de consumo e varejo, que aportasse o olhar do cliente. Estou lá desde 2017 como conselheira independente.

Antes de assumir, passei por várias conversas, inclusive com a Ana Botín, presidente executiva do Conselho do Grupo Santander. Apesar de ser acionista, ela tem uma carreira e história no mercado financeiro, tem visão estratégica e um olhar de transformação, de acelerar a digitalização. Quando Ana sucedeu o pai, Emilio Botín, trouxe uma nova visão e montou sua equipe para promover uma mudança em nível global. O que estamos vendo de digitalização e de inovação no Santander é reflexo da liderança da Ana.

Aceitei ir para o Conselho porque confiava no Álvaro, um profissional reconhecido e extremamente respeitado. Ele viveu e viu tudo o que aconteceu nesse mercado, dentro e fora do Brasil, nos últimos cinquenta anos. É uma pessoa correta, com comportamento incontestavelmente ético, que admiro muito, com quem aprendo demais. Eu destaco o perfil do Álvaro porque precisei refletir sobre os riscos de entrar num setor extremamente regulado como o de bancos. E o Santander, de origem espanhola, além de seguir as normas do Banco Central do Brasil, tem outros dois reguladores: o Banco de Espanha, que é o BC deles, e o Banco Central Europeu. Tive que ponderar os riscos fiduciários envolvidos ao entrar num conselho de uma instituição financeira que está entre as cinco maiores do país.

## INTEGRAÇÃO

No início do meu mandato, passei por um processo muito bem-feito de integração montado especificamente para os conselheiros. A iniciativa foi do Álvaro, com execução da área de recursos humanos e da Academia Santander, a universidade corporativa. Tive uma verdadeira imersão nos principais conceitos e desafios do setor financeiro. Isso facilitou minha entrada, lapidou a qualidade da minha contribuição e me deu segurança para atuar num setor completamente novo.

Desde que comecei, percebo que nossas reuniões são sempre produtivas. E isso é mérito do *Chairman of the Board*, responsável pela pauta. Numa indústria regulada como a bancária, há itens sobre os quais obrigatoriamente precisamos deliberar e há itens que são apresentados a título de informação. O equilíbrio da pauta entre temas voltados para controle, estratégia ou pessoas depende do presidente. E o Álvaro fazia isso muito bem, deixando espaços para foco nos resultados de curto prazo e a construção do negócio a longo prazo. Além disso, ele e o CEO organizavam um encontro anual que é uma verdadeira imersão estratégica na qual discutíamos os principais projetos de crescimento. Sérgio Rial, que o sucedeu em janeiro de 2022, manteve esses rituais e também o Programa de Educação Continuada para os conselheiros.

Antes da pandemia, tínhamos nossos encontros uma vez por mês. Se houvesse algum assunto extraordinário, poderíamos nos reunir mais vezes, mas nunca com a mesma frequência do Comitê Executivo (Comex). Isso é uma realidade em todos os Conselhos, não apenas no Santander. Como não se veem com a mesma regularidade do Comex, é mais difícil formar o espírito de corpo entre os conselheiros. A dinâmica comportamental é mais lenta, mas continua sendo essencial saber trabalhar em colegiado. Daí a relevância da liderança de um bom *Chairman of the Board*. Tanto o Alvaro quanto o Sérgio são mestres nisso.

O OUTRO LADO

# Um brilho distinto

Depoimento de Álvaro Antonio Cardoso de Souza, ex-presidente do Conselho de Administração do Santander Brasil

Quando a Ana Botín, presidente executiva do Grupo Santander, pediu-me para desenhar a estrutura de governança para o Conselho de Administração do Santander Brasil, eu coloquei como meta ter quatro mulheres no grupo de dez. A Deborah foi a minha primeira escolha. Ela é parecida comigo: inquieta, inquisitiva, detalhista. Nas reuniões, chega com as anotações feitas, está sempre muito bem preparada. Quando a chamei, pedi que ela trouxesse para os executivos do nível intermediário do banco sua visão do varejo; deveria incutir neles a disciplina de ter a certeza de que estamos vendendo o produto que o cliente quer e precisa, não aquele que atende a expectativa de lucro do banco. E tem funcionado muito bem.

Lembro-me de que certa vez, dentro do nosso processo de avaliação dos conselheiros, dei um feedback de que ela estava se preocupando demais com detalhes operacionais, que são úteis, mas que não são apropriados para uma discussão de Conselho. Eu disse que ela estava voltando a agir como executiva em vez de agir como conselheira, no nível estratégico. Ela recebeu muito bem o feedback e até combinamos um "sinal de fumaça" para quando eu percebesse que estava ocorrendo um desvio de rota. Como eu sempre me sentava na cabeceira, e a Deborah, na segunda posição à minha direita, fazia contato visual e ela entendia que não era por ali.

Além de conhecer profundamente o varejo, a Deborah também trouxe um lado humanístico muito forte. Por isso, anos depois da sua chegada, eu a indiquei para presidir o Comitê de Remuneração e Nomeação, que também lida com promoções e planos de sucessão. Como eu presido o Comitê de Nomeação — e um participa do comitê do outro — iniciamos em 2019 um trabalho conjunto para identificar os sucessores para os principais níveis executivos. Desenvolvemos um plano de sucessão do topo para baixo. Mapeamos 65 cargos com sucessores, chegando a dois níveis abaixo do CEO. Então, esse seu lado humano me ajudou muito a colocar de pé o projeto que eu tinha desenhado de ter um conselho com alto nível de governança.

Estou cada vez mais convencido de que um bom conselheiro independente precisa ter passado por um posto executivo alto, pois traz uma visão ampla do negócio e por isso entende a solidão de ser o número um. Trata-se de uma competência que não se compra na esquina, mas é forjada com muita cicatriz, com muito trabalho. Alguém como a Deborah tem um brilho ainda mais distinto, pois ela liderou companhias pesadas como Tintas Coral e Parmalat — e *startups*, como o Amélia. A Deborah está sempre aprendendo coisas novas, transformando sua hiperatividade em algo positivo, algo que nem todo mundo consegue fazer.

## RAINMAKER

Estar num conselho com a relevância do Santander Brasil me desafia diariamente. Sou instigada a me manter atualizada, a continuar aprendendo. Eu também faço parte de dois comitês que apoiam os conselheiros: Remuneração e Nomeação e Governança, dois aspectos extremamente relevantes para a gestão de pessoas. Os dois comitês em conjunto trabalham os aspectos mais estratégicos da gestão do capital humano, o que denominamos Comitê de Pessoas. Foi justamente o Comitê de Pessoas que teve a desafiadora tarefa de encontrar um sucessor para Sérgio Rial, CEO do Santander desde 2016.

O Sérgio é um verdadeiro *rainmaker*, um líder raro, seguramente um CEO diferenciado. Ele está numa classe à parte da maioria dos executivos, pois usa os dois lados do cérebro com a mesma excelência. É uma das poucas pessoas que conheço que transita do racional para o emocional de acordo com a circunstância. E os dois lados são equivalentes. Na maioria das pessoas, uma área prevalece sobre a outra.

Essa ambidestria o torna único e especial. O Santander é o terceiro maior banco privado do país. Cresceu por meio de aquisições — Banespa e Real, entre outros. Quem começou o complexo processo de consolidação da nova cultura foi Jesus Zabalza, ex-CEO e ex-presidente do Conselho no Brasil. Ana Botín, prevendo a sucessão do Zabalza, convidou o Sérgio para ingressar no grupo inicialmente como conselheiro, mas já sabendo que ele seria o futuro CEO. Durante seis meses, Zabalza e Sérgio fizeram a transição com sabedoria e maturidade. Ao final, eles inverteram os papéis. Tudo isso orquestrado, combinado.

Quando o Sérgio assumiu, já tinha visão ampla das principais questões do banco. Entrou preparado para concluir a transformação cultural. Imprimiu seu ritmo e construiu uma cultura vencedora. Uma cultura ambiciosa e com foco no cliente — foi o primeiro banco a adotar a métrica *Net Promoter*

*Score* (NPS) —, que mede o nível de lealdade do cliente, e é tradicionalmente usada pelo varejo. A mudança foi tão bem-feita que racionalização de estrutura, busca de produtividade e digitalização viraram traços do DNA da organização. Como resultado, o banco colheu seis anos de crescimento extraordinário, com rentabilidade e lucratividade de classe mundial. Outra grande contribuição, na minha opinião, foi que ele liderou o movimento por mais diversidade e inclusão. Com isso, conseguiu estimular um verdadeiro sentimento de pertencer, em que as pessoas têm liberdade de serem quem são. Isso não é apenas uma declaração de boas intenções. O Sérgio vive isso — e cobra dos demais.

## SIGILO ABSOLUTO

Em 2019, o Comitê de Pessoas (Álvaro, Luiz Fernando Giorgi e eu) encarou a missão quase impossível de encontrar um sucessor para o Sérgio. Dois anos depois, tenho orgulho de dizer que esse foi muito mais do que um plano de sucessão que deu certo. Foi um verdadeiro *case* de governança por algumas razões importantes. A primeira é que controlamos muito bem a informação para não ocorrer vazamento. Além dos membros do Comitê, apenas o próprio Sérgio, a Vanessa Lobato, que era vice-presidente de recursos humanos, e algumas pessoas seniores de RH na Espanha estavam envolvidos. Os candidatos internos só souberam quando as escolhas já estavam feitas e prontas para serem oficializadas. Graças a esse sigilo absoluto, não ocorreu a tão temida competição interna por que muitas organizações passam e que gera desperdício de energia e de tempo — e que, na maior parte das vezes, leva à perda de talentos.

Esse foi um exemplo de sucessão bem planejada. Tivemos tempo para levantar e checar hipóteses. Estudar os perfis sem gerar falsas expectativas. Nós tínhamos três candidatos internos que vinham sendo acompanhados e alguns externos que vieram por indicação. Para não levantar suspeitas internamente, a matriz pediu que todos os membros do Comex do Brasil fizessem um *assessment* com uma empresa de *executive search* como parte de um trabalho de gestão de talentos do grupo. Depois, o Comitê de Pessoas entrevistou cada um em profundidade, conversando sobre seus pontos fortes, planos para o futuro, áreas de desenvolvimento etc. No meio deles, estavam os três possíveis candidatos da casa.

No dia 27 de julho de 2021, o banco divulgou fato relevante ao mercado — uma exigência para companhias de capital aberto —, informando diversas mudanças no Conselho de Administração e no Comitê Executivo, a partir de janeiro do ano seguinte. Com a decisão do Álvaro de se afastar, o Sérgio assumiu a presidência do Conselho e, para CEO Brasil, indicamos o Mario Roberto Opice Leão, engenheiro formado pela Poli (Escola Politécnica da Universidade de São Paulo), que era vice-presidente da área de empresas. Adotamos mecanismos de retenção para os talentos com risco de serem perdidos — e, até o momento em que escrevo, ninguém foi embora por causa da sucessão. Como o Sérgio nos últimos dois anos respondia também pela presidência regional na América do Sul, escolhemos Carlos Rey para essa posição.

## ALINHAMENTO DE VALORES

Tenho muitos motivos para me orgulhar de ter feito parte desse processo, o mais bem executado que já vi, mas um deles é especial: com as promoções, o Comitê Executivo passou a ter quatro mulheres — era apenas uma em 2017: Vanessa Lobato, que saiu do RH para liderar toda a área de Varejo; Andrea Almeida, vice-presidente de Finanças; Elita Vechin Pastorelo Ariaz, que passou a liderar a área de Capital Humano, e Patrícia Audi, vice-presidente de Relações Institucionais e Sustentabilidade. Todas são mulheres extraordinárias e profissionais de altíssima performance.

A Vanessa, por exemplo, começou na rede comercial e cresceu na carreira atuando em várias áreas do banco. Quando assumiu a vice-presidência de recursos humanos, apesar de não ser especialista nessa área, foi uma das lideranças de destaque na transformação cultural feita nos anos seguintes.

## VINHO DA VEZ

O Muga Prado Enea Gran Reserva da safra de 2011 foi considerado pelo crítico americano James Suckling como o terceiro melhor dentre os 100 melhores vinhos que ele provou em 2019. Com predominância da uva Tempranillo, o vinho da região de Rioja, na Espanha, é forte e ácido, possui taninos maravilhosos. A Bodegas Muga, fundada em 1932, em Haro, é atualmente gerenciada pela terceira geração da família, mas mantém a tradição de fermentar todos os vinhos em barris de madeira confeccionados por ela mesma. O Prado Enea Gran Reserva, que matura 48 meses em carvalho, pode ser guardado por décadas. O crítico Eric Asimov, do The New York Times, descreveu-o como "uma alma gentil num mundo de fruta explosiva".

## MAIS DE NÓS

Desde 2005, estou envolvida naquele que considero meu projeto do coração: fazer o que estiver ao meu alcance para aumentar a participação de mulheres em Conselhos de Administração. Eu ainda trabalhava no Grupo Abril quando me juntei a outras oito executivas para atuar em prol dessa causa, com a criação do Projeto Athena. Ana Paula Chagas, que estava na Heidrick & Struggles, consultoria norte-americana de colocação de executivos, ficou na liderança. Nós tínhamos até logomarca — criada por Ana

Lucia Serra, publicitária que foi uma das fundadoras da Agência Age, e que desenvolveu também uma proposta de comunicação.

Como todas trabalhávamos muito, fazíamos nossas reuniões aos sábados. A ideia era ótima, mas nenhuma de nós conseguia se dedicar à causa, como ela exige — e merece! Estávamos nesse ponto quando a Ana Paula descobriu uma iniciativa similar nos Estados Unidos chamada WCD (Women Corporate Directors) e sugeriu que a gente parasse de tentar reinventar a roda e nos juntássemos às americanas. Foi o que fizemos: nós nos tornamos o WCD São Paulo. A Ana Paula ficou quase dez anos como chairwoman. E sempre tivemos um patrocinador. Nos primeiros anos, foi a própria Heidrick & Struggles. Depois veio a KPMG, trazida pela Marienne Coutinho, uma das sócias locais, que virou co-chair. Quando Ana Paula deixou a presidência do WCD São Paulo, entrou Andrea Menezes, que era CEO local do Standard Bank of South Africa. Por muito tempo, o WCD foi liderado pela Marienne e pela Leila Loria, que conheci na Abril, quando ela comandava a TVA.

Fundado em 2001, o WCD congrega executivas ao redor do mundo e incentiva o aumento da presença feminina em Conselhos de Administração. A entidade que, atualmente, conta com capítulos em cerca de oitenta países, atua por meio de mentorias, de indicações e facilitando a aproximação entre as associadas e os Conselhos — 85% delas atuam como conselheiras. O WCD também promove eventos locais e internacionais, o que é ótimo para *networking*. O mais importante é que hoje temos no Brasil um banco de 260 mulheres que já são ou têm potencial para serem conselheiras. São profissionais dos mais variados mercados e áreas de especialização.

Isso acaba com o mito de que não há mulheres preparadas e com experiência relevante para assumir a função de conselheira de administração. Quando uma empresa busca um perfil com determinada experiência, o WCD ajuda na identificação de candidatas. Informalmente, o grupo também divulga vagas para as associadas. Há um trabalho de visitar *headhunters* e de gerar oportunidades de divulgação na mídia.

## JUNTAS SOMOS MAIS FORTES

Começamos o trabalho do WCD São Paulo com foco no *networking*, porque a grande maioria das mulheres não trabalhava bem esse assunto. E elas não se apoiavam. Como já comentei, fui parar no Conselho de Administração da Lojas Renner por indicação de um executivo que foi meu colega na Abril. As mulheres precisam circular, precisam fazer *network*, porque muitas oportunidades na carreira surgem na base da indicação.

Em relação às mulheres, também é preciso considerar a, vamos chamar assim, baixa autoestima profissional. Na maioria das vezes, as executivas não se sentem suficientemente preparadas para assumir um próximo desafio de carreira. Os homens, por sua vez, encaram o que vem pela frente e depois pensam no que vão fazer para minimizar seus pontos fracos. Falta-nos ousadia — e eu sempre digo isso nas reuniões e nos eventos de que participo. Não existe essa história de estar pronta para dar o próximo passo — às vezes, a promoção chega e você não está 100% preparada. Mas não deixe a oportunidade passar! Assuma o risco e siga em frente. Prepare-se ao longo do processo.

A norte-americana Letitia Pate Whitehead Evans foi a primeira mulher a ocupar um lugar no Conselho de Administração de uma grande empresa nos Estados Unidos — no caso, a Coca-Cola Company. Isso aconteceu em 1934. Lettie, como era conhecida, era viúva de Joseph Whitehead, advogado que fez fortuna ao desenvolver um sistema para engarrafar a bebida — que, antes, era vendida em *dispensers*. Lettie havia assumido os negócios da família em 1906, após a morte do marido.

## MAIS UMA FRENTE

Depois do WCD, criamos, em 2014, o Grupo de Trabalho Diversidade em Conselho dentro do IBGC. Com o apoio do WCD, da B3 e do IFC, International Finance Corporation, braço do Banco Mundial, lançamos dois anos depois o Programa de Mentoria para Conselheiras. O programa acontece uma vez por ano e visa não só identificar, mas também criar uma rede de mulheres preparadas para se tornarem conselheiras. Os mentores convidados são executivas e executivos com experiência de atuação em Conselhos. Hoje, com o nome de PDeC — Programa de Diversidade em Conselho, já proporcionou oportunidades de mentoria para mais de 140 executivas. Mais de 75 mentores já passaram pelo programa atuando voluntariamente para a formação de conselheiras. Atuei como mentora até a quarta turma.

Quando penso como as empresas estão preocupadas com ESG (*Environmental, Social and Governance*, na sigla em inglês) e que começamos a falar sobre diversidade há tanto tempo, vejo o quanto fomos pioneiras. Agora, esse assunto está na agenda até mesmo dos principais investidores institucionais do mundo. A carta anual de Larry Fink, CEO do BlackRock, que administra ativos maiores que o PIB do Brasil, divulgada em meados de 2021, ressalta a importância do ESG e reafirma que o fundo de US$ 7,4 trilhões que ele administra não investirá em empresas que não estejam alinhados com esse propósito. Fink fala do *stakeholder capitalism*, pelo qual as empresas precisam estar conectadas com todas as partes interessadas em uma relação de confiança. Ele se refere ainda às questões de diversidade e de inclusão, afirmando que as empresas que buscam um desempenho superior precisam se beneficiar de todo o espectro do talento humano.

## QUANTO MAIS DIFERENTE, MELHOR

A ideia de que toda unanimidade é burra, como bem escreveu Nelson Rodrigues (escritor, jornalista e dramaturgo pernambucano), aplica-se perfeitamente aos Conselhos de Administração: sem diversidade entre seus membros, perde-se a oportunidade de gerar discussões mais ricas. Ou seja, a falta de diversidade é muito mais danosa para os negócios do que se pode imaginar. Oportunidades podem ser desperdiçadas, porque aqueles que pensam de forma igual não foram capazes de perceber algo disruptivo. O viés da homogeneidade deve ser evitado tanto nos Conselhos de Administração quanto nas diretorias executivas. Um olhar plural enriquece a discussão e a qualidade da decisão final. Toda empresa bem-sucedida tem a inovação em seu DNA e o ambiente diverso é comprovadamente mais criativo.

Em seu livro *A Caixa Preta da Governança*, Sandra Guerra, uma das precursoras do tema no Brasil, cita uma frase de Sir Christopher Hogg, industrial e executivo britânico: "Os melhores Conselhos de Administração são lugares muito desconfortáveis e é assim que devem ser".

## CONSELHOS COM PELO MENOS UMA MULHER NA S&P 500

Em 2019, a última das empresas listadas no índice S&P 500, da agência Standard & Poor's, que só tinha homens como conselheiros, contratou uma mulher. A Copart indicou Diane Morefield para seu Conselho de Administração. O progresso tem sido muito lento, mesmo nos Estados Unidos, onde demorou-se vinte anos para sair de 86% para os 100% atingidos com a decisão da Copart. No Brasil, a Spencer Stuart, consultoria de recrutamento de executivos, tem acompanhado a evolução

# Saiu na mídia

"...Estudos acadêmicos recentes mostram que a simples presença de uma pessoa diferente no grupo, seja com relação ao gênero ou à origem, faz com que os participantes de uma discussão se comportem de outro modo. 'Se todos têm o mesmo perfil, em geral o consenso é atingido mais rapidamente', diz Katherine Philips, professora de liderança e pesquisadora da Universidade Columbia, em Nova York, que estuda a tomada de decisões em grupo. O contrário ocorre em times heterogêneos, em que há mais argumentação e uma variedade maior de considerações antes de se chegar a um ponto comum...

'É curioso como os participantes das pesquisas tendem a achar que o trabalho entre iguais é mais produtivo porque é mais rápido', diz Katherine. Uma certa dose de conflito pode ser menos agradável, mas certamente tende a ser mais eficiente para os negócios. 'Começa a existir a consciência de que é preciso criar ambientes de trabalho mais questionadores para manter a competitividade', diz Susan Stautberg, fundadora da Women Corporate Directors, organização americana que promove a diversidade de gênero nos conselhos..."

Trecho da reportagem *Melhor com Elas*, de Cristiane Mano, sobre as vantagens de ter mulheres nos Conselhos de Administração (revista EXAME, edição 1024, ano 46, 19 de setembro de 2012) desde 2012. Na última pesquisa, de 2021, em 65% dos Conselhos, havia pelo menos uma mulher. O Spencer Stuart Board Index Brasil mostrou ainda que as mulheres ocupam apenas 14,3% das vagas em Conselhos de Administração das empresas brasileiras listadas na B3. Estamos progredindo, mas em ritmo muito lento. Isso no caso da diversidade de gênero, que é um tema mais estabelecido na pauta corporativa. O objetivo maior dos programas de diversidade, inclusão e equidade deve ser o de abrir espaço para todos os grupos diversos, como os relacionados às diferenças étnica-racial, de orientação sexual, de classe social, idade, geografia e pessoas com deficiência, dentre outras. O objetivo de um conselho é reunir diversidade cognitiva — e a melhor forma de conseguir isso é utilizando toda a riqueza do espectro humano.

## PARCELA IMPORTANTE

Você já ouviu falar do 30% Club? É uma campanha global liderada por um grupo de presidentes de Conselho e CEOs para aumentar a diversidade de gênero nos altos escalões corporativos. Começou em Londres em 2010 por iniciativa da baronesa Helena Morrissey, CEO da Newton Investment Management e membro da House of Lords, do Parlamento Britânico. O objetivo era que as 100 maiores empresas listadas na FTSE, a Bolsa de Londres, tivessem pelo menos 30% de mulheres nos assentos dos Conselhos até 2015. Conseguiram isso apenas em 2018. Posteriormente, ampliaram o objetivo para as 350 maiores empresas, o que atingiram em 2019. O 30% Club fez sua estreia no Brasil em maio de 2019, trazido pela Olívia Ferreira, da Accenture, e Anna Guimarães, conselheira. Eu participei do evento de lançamento com a Heloisa Bedicks, que era diretora geral do IBGC, o Carlos Takahashi, CEO da BlackRock no Brasil, e o Jaime Gornsztejn, diretor de governança corporativa do fundo britânico de investimentos Hermes. Foi no auditório da Bloomberg, em São Paulo, com uma plateia com mais mulheres que homens, mas muitos dos presentes tinham poder de decisão e influência. Atualmente, o 30% Club está presente em 18 países/regiões.

O conceito dos 30% é que, para se fazer ouvir, a voz de uma minoria (ou de uma maioria sub-representada) precisa de uma representação mínima de 30%. Eu, com a minha assertividade, sempre me fiz ouvir, mas sou testemunha de que, dependendo da personalidade das pessoas que compõem o grupo, as minorias podem ter dificuldade de serem consideradas. O banco Santander no Brasil atingiu a marca dos 30% em seu Conselho, que atualmente conta com três mulheres: Marília Rocca, a Deborah Stern Vieitas e eu.

## A PASSOS LENTOS

Algumas projeções dizem que apenas em 2037 as empresas brasileiras vão atingir os 30% de presença feminina em seus Conselhos de Administração. Já pensaram quanto tempo ainda temos pela frente? Por isso, revi minha posição e passei a ser favorável às cotas ou a outras ações afirmativas. Acredito que podem ser um instrumento válido, utilizado por prazo determinado, funcionando como catalisador. Sempre acreditei na importância de estabelecer metas e de mensurar o progresso ao longo do tempo. Só assim mudanças são garantidas. O Brasil ainda não tem uma lei aprovada para cotas. Os vários grupos que apoiam o movimento de diversidade em Conselhos utilizam suas próprias metas. Não se pode falar hoje em boa governança corporativa sem incluir o ESG, e o assunto diversidade como parte importante do "S" evoluiu bastante, ganhou visibilidade e adesão. Mas esses assuntos são uma jornada de aprendizagem diferente para cada empresa. Cada uma tem seu nível de maturidade e seu tempo.

Em meados de 2021, tramitava na Câmara dos Deputados o Projeto de Lei n. 785/21 da deputada federal Tabata Amaral, que cria cota obrigatória mínima de 30% de participação de mulheres em Conselhos de Administração de companhias abertas, de empresas públicas, de sociedades de economia mista, de suas subsidiárias e controladas, e outras companhias em que a União, direta ou indiretamente, detenha a maioria do capital social com direito a voto. O projeto altera a Lei das S.A. e a Lei n. 13.303/16, que trata do estatuto jurídico da empresa pública. O interessante do projeto é que ele estabelece metas e sanções para os infratores. Quando aprovado, as empresas deverão preencher as vagas gradualmente nos seguintes prazos: 10% de mulheres em Conselhos em até dois anos, 20% em até três e 30% até o máximo de quatro anos. O projeto de Tabata é diferenciado, porque também estabelece sanções. A infração das regras pode travar trocas de conselheiros e novas nomeações caso se comprove a desconformidade com os percentuais estipulados. Caberá à CVM fiscalizar as companhias de capital aberto; e ao Tribunal de Contas da União, as empresas públicas e de capital misto.

## PELO RETROVISOR

Hoje, olhando para trás, fico feliz em ver que a preocupação com a diversidade está envolvendo mais pessoas e empresas — embora ainda haja um longo caminho pela frente. Mas, em 2005, quando começamos com o Projeto Athena, pouco se falava sobre o assunto. Avançamos, sem dúvida. Mas é o que sempre digo: não é só nos Conselhos que precisamos colocar mais mulheres. Os recrutadores também podem contribuir muito com a causa ao contratar uma mulher sempre que houver dois profissionais igualmente competentes disputando uma mesma posição.

Também acho importante considerar a diversidade geográfica, de onde vem determinado profissional. Muitos Conselhos privilegiam representantes do Sudeste e do Sul. E os profissionais das regiões Norte, Nordeste e Centro-Oeste? Empresas que atuam em todo o país não podem se dar ao luxo de ter um Conselho com olhar apenas da Faria Lima ou do Leblon.

## NÃO É UMA OPÇÃO

Em meados de 2021, a Comissão de Estratégia do IBGC publicou dois *papers* sobre como o tripé Diversidade, Inclusão e Equidade (DIE) é imperativo estratégico para as organizações. Tive o privilégio de coordenar o grupo de trabalho, que contou também com Henri Vahdat, Maria Cecilia Andreucci Cury e Ricardo Mario Lamenza Alzogaray. No documento, destacamos que as empresas que apostarem no tripé DIE terão uma vantagem competitiva, com melhora no resultado financeiro de curto prazo e apoio ao crescimento sustentável dos negócios no longo prazo.

Durante quinze meses nos debruçamos sobre os impactos estratégicos da diversidade nas organizações e na seleção das melhores práticas encontradas no mercado. Iniciamos o trabalho explorando nossas experiências profissionais e histórias de vida; depois, investigamos diferentes dimensões do tema com muita leitura de artigos, de livros e de pesquisas. Por fim, submetemos as teorias ao crivo da realidade, por meio de entrevistas com profissionais de empresas de vanguarda, que já estão fazendo a diversidade acontecer em suas organizações — etapa que consideramos a mais rica e produtiva do nosso trabalho.

## JORNADA DA DIVERSIDADE

O primeiro artigo, "Diversidade, inclusão e equidade: um imperativo estratégico às organizações", explora a linha do tempo da diversidade, sua tríade conceitual, as relações DIE com estratégia, geração de valor econômico e saúde organizacional. Ao final, discute o papel do Conselho de Administração na articulação da agenda da diversidade, inclusão e equidade. O segundo artigo, "Diversidade: das intenções às práticas organizacionais", sai da teoria e apresenta uma espécie de caminho das pedras, desde o mapeamento até a implementação de processos mais inclusivos. Sabemos que não existe fórmula e que a jornada será diferente em cada organização. Em um dos trechos do segundo texto, escrevemos: "A pluralidade do capital humano da empresa deve ser institucionalizada de maneira consciente, a partir do desdobramento dos objetivos de diversidade, inclusão e equidade, partindo da alta liderança até os níveis operacionais, com metas a serem alcançadas e prazos estabelecidos".

Ao me debruçar sobre o tema, constatei o que já sabia por experiência própria: o processo de integração de talentos diversos exige afinada orquestração das lideranças e muita resiliência de todos. Os dois artigos estão disponíveis no Portal do Conhecimento no site do IBGC (https://conhecimento.ibgc.org.br).

## A ARMADILHA DO VIÉS INCONSCIENTE

Muitas vezes, valores culturais, sociais, a educação que recebemos e as experiências de vida acabam guiando nossas opiniões e decisões sem que a gente se dê conta de sua influência. Repare, por exemplo, na diferença de abordagem que costuma haver

# Saiu na mídia

"...Carolina Mazziero e Liana Fecarotta, ambas diretoras de recursos humanos da Unilever, estão trabalhando somente três dias por semana— ao invés dos tradicionais cinco — desde abril. Assim como a jornada, o salário das duas profissionais também foi reduzido, e agora elas recebem 60% do que ganhavam antes. 'Trabalhando 60% do tempo, as duas recebem 60% do salário e os benefícios seguem a mesma lógica', explica Luciana Paganato, vice-presidente de recursos humanos da multinacional.

Não se trata de uma redução forçada da jornada em função de um corte de custos da empresa. Trabalhar menos foi uma escolha das duas executivas, que agora compartilham o mesmo cargo e se dividem entre as tarefas da função. O modelo é chamado de '*job shering*' ou cargo compartilhado."

Trecho da reportagem *Começam a surgir cargos divididos e semanas de quatro dias* de Adriana Fonseca sobre *job sharing* (VALOR, 01 de agosto de 2019) nos perfis de executivas e de executivos que são publicados na mídia. Os textos sobre eles trazem dados de mercado, números, desafios e conquistas corporativas. Os delas, por sua vez, abordam a dificuldade de equilibrar carreira e família, o papel das emoções, da intuição — como se os homens não vivessem ou sentissem os mesmos dilemas.

## BELA INICIATIVA

Em abril de 2019, a Unilever Brasil foi tema de várias reportagens por conta de uma iniciativa de *job sharing* (cargo compartilhado) entre duas diretoras de RH que passaram a se dividir na função. A ideia partiu das executivas, que estavam dispostas a dedicar mais tempo à família e aos estudos. Isso me fez lembrar daquela apresentação na Unilever em que o representante do RH comentou que a companhia perdia 100% de suas executivas depois do segundo filho.

As empresas multinacionais têm o poder de influenciar as mudanças em todo o seu ecossistema, sejam seus funcionários, clientes ou fornecedores. Elas trazem práticas bem-sucedidas de seus países de origem e adaptam para o mercado brasileiro. Um exemplo é a presença no Brasil da ONG WeConnect International, com sede em Washington, que é uma rede global que conecta empreendedoras com compradores de cem multinacionais de vários setores e países, como Procter & Gamble, Basf e Unilever. Sua missão é estimular a equidade de oportunidades entre os gêneros na cadeia de fornecimento. Essas grandes empresas descobriram que, de todas as compras que fazem, apenas 1% vem de empresa pertencente a mulher. A WeConnect viabiliza acesso aos compradores, promove treinamento e compartilha as melhores práticas de gestão.

# Saiu na mídia

"... A convicção de seguir dentro do ambiente corporativo logo após a maternidade, porém, não representa a maioria. É o que aponta uma pesquisa realizada pela Mãe Corporate, consultoria que desenvolve estratégias para a equidade de gênero nas empresas, em parceria com a organização Movimento Mulher 360, que reúne 57 grandes companhias que trocam experiências sobre o tema. Realizado com cerca de 4.000 funcionárias de 13 grandes empresas no Brasil, o levantamento divulgado com exclusividade por EXAME mostra que 84% das entrevistadas já pensaram em deixar o emprego atual para cuidar dos filhos. Para 87% destas, a situação financeira é importante para a permanência. 'As mulheres querem encontrar equilíbrio entre carreira e família. Para 98% delas, suas empresas são acolhedoras na volta da licença-maternidade, mas não o suficiente para que elas não pensem em deixá-las', diz Carmem Madrilis, sócia-fundadora da Mãe Corporate....

... Há dois meses, ela (Vanessa Zani, que havia ficado dois anos fora para cuidar do filho) voltou ao mercado na posição de gerente de recrutamento da Pepsico. A porta de entrada foi o *Ready to Return*, programa global lançado nos Estados Unidos em 2017, e no Brasil em 2018, para profissionais que estão fora do mercado há pelo menos dois anos..."

Trecho da reportagem *Licença para a Mulher* de Marina Filippe sobre a relação das mulheres com a carreira depois da maternidade (EXAME, edição 1198, n° 53, ano 22, 27 de novembro de 2019)

## CONSELHOS DO FUTURO

A pauta da mulher continua me mobilizando, mas, nos últimos tempos, ampliei o leque dos temas de diversidade com os quais quero me envolver. Daí a minha participação no IBGC, que tem sido um espaço rico em aprendizados compartilhados. Acredito muito nas empresas que investem recursos para ter um ambiente com toda a pluralidade do capital humano disponível. Essas verão florescer habilidades como empatia, comunicação e melhora no processo de tomada de decisão. Diversidade gera valor para a empresa e para a sociedade.

Mas por onde começar? Em 1950, William Edwards Deming disse uma frase que revolucionou a administração: "Não se gerencia o que não se mede, não se mede o que não se define, não se define o que não se entende, e não há sucesso no que não se gerencia". Com a diversidade é a mesma coisa: é preciso mapear o estágio em que a organização se encontra. Tenho visto muitas empresas fazerem o censo da inclusão e diversidade, pois se não construir uma base de dados com a qual trabalhar não haverá avanço efetivo. Sabemos também que o engajamento e a inspiração da liderança são fundamentais ao longo de toda a jornada — sim, porque essa é uma jornada de transformação cultural de empresas e de pessoas. Com dados e apoio, depois vêm as políticas, os grupos de trabalho, as revisões de processos e uma série de outras iniciativas.

A sigla ESG entrou no nosso vocabulário para ficar. Ninguém duvida que é impossível fazer negócios ignorando as questões do meio ambiente, da sociedade e da governança corporativa. O ESG é a evolução do que um dia chamamos de responsabilidade social corporativa, quando as empresas precisavam apenas ser boas cidadãs. Em 2004, o Banco Mundial, em parceria com o Pacto Global da ONU e com instituições financeiras de nove países, publicou um documento chamado *Who Cares Wins* (Quem se importa ganha). Era a resposta dessas organizações a uma provocação do então secretário-geral da ONU, Kofi Annan, que estabeleceu as bases para o investimento sustentável.

Evoluímos muito desde então e hoje não consigo enxergar uma empresa moderna que não tenha no propósito sua veia condutora. Ou que não esteja preocupada com os quatro pilares para a criação de valor a longo prazo: governança, planeta, pessoas e prosperidade. O "S" do ESG tem a ver com os dois últimos. Quando falei sobre isso em um debate sobre Conselhos do Futuro no Clubhouse, em junho de 2021, alertei que, quando falamos sobre pessoas, referimo-nos a três áreas. A primeira é a dignidade e a equidade, na qual se inclui diversidade não só de gênero, mas também étnico/racial, de idade, geográfica, orientação sexual, PcDs e outras. Os conselheiros precisam estar atentos a uma política de remuneração justa, que pode iniciar medindo a diferença entre o maior e o menor salário pago pela empresa. A segunda área é a da saúde e bem-estar das pessoas, na qual se incluem aspectos como segurança no trabalho e acesso a cuidados com saúde física e mental. Em terceiro lugar estão o *re-skilling* e o *up-skilling* para preparar as pessoas para a economia baseada em tecnologia e dados.

No mesmo evento, lembrei como a crise sanitária provocada pela covid-19 afetou diferentemente empresas e pessoas. Percebemos que a maior resiliência das organizações à crise estava intimamente relacionada a aspectos como diversidade, políticas de saúde e segurança e às práticas de remuneração. Para quem ainda tem dúvidas sobre a importância do capital humano, basta lembrar que a alavanca de valor estará cada vez mais atrelada a ativos intangíveis — já falamos aqui das políticas de investimento do BlackRock, o maior fundo de investimento do mundo.

## PROSPERIDADE PARA TODOS

Eu acredito que, dentre minhas obrigações como conselheira, está a de entender quais são as questões relevantes para as novas gerações de clientes e talentos. E está claro para mim que assegurar a diversidade entre colaboradores será dever fiduciário de todo Conselho, não apenas porque é a coisa correta a ser feita, mas também porque o cliente exige. A diversidade promove a diversidade de pensamento e a diversidade cognitiva, que são fundamentais para a empresa estar conectada com um consumidor cada vez mais exigente.

Outro "P" — Prosperidade — será igualmente importante na pauta dos Conselhos do Futuro. Para falar dele precisamos falar de emprego, geração de riqueza, busca de oportunidades, assegurar a geração de valor econômico para a sociedade. A prosperidade está ligada à inovação, que se traduz na oferta de melhores produtos e serviços ao mercado. E está ligada à vitalidade social e das comunidades em que a empresa esteja inserida — e isso pode ser traduzido na responsabilidade fiscal com o pagamento de impostos e taxas. A longo prazo, precisamos buscar a prosperidade para todos, erradicar a pobreza.

Os negócios do futuro serão cada vez mais interdependentes e colaborativos. E a adesão aos propósitos de impacto social será cada vez mais valorizada. No entanto, corremos o risco de ver o fosso entre as nações mais ricas e as mais pobres aumentando, naquilo que já é chamado de *the great divide*. Na era do *human-centricity* em que estamos entrando, o conceito mais forte será aquele que garante que ninguém será esquecido, que ninguém será deixado para trás. "*We will leave no one behind*" é a essência da inclusão.

Relativamente fácil de expor. Difícil de fazer acontecer.

Tudo isso é o S para mim.

# Daqui para a frente

**4**

SOU FRUTO DAS
MINHAS ESCOLHAS

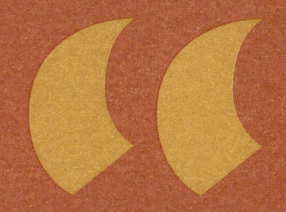

"
**Nada é agora dito que não tenha sido dito antes"**

Terêncio (século II A.C.)

# Daqui para a frente

**4**

SOU FRUTO DAS MINHAS ESCOLHAS

## I GROW STRONG AGAIN

Em 2019, fiz uma viagem em busca das minhas raízes na Escócia. Pelo lado paterno, sou inglesa, mas pelo materno, sou escocesa. Em Edimburgo, visitei o endereço onde minha avó nasceu. Nos arquivos públicos, achei o registro de nascimento da minha avó em 1901 e do casamento dos meus bisavós em 1893. Descobri que venho de uma das famílias que compunham o clã Maxwell, que teve origem no século XIII no castelo Caerlaverock, uma fortificação medieval no sudeste da Escócia. Seu lema é *"I grow strong again"*, que significa resiliência. Gosto de imaginar que as mulheres da minha família foram bravas guerreiras, que defendiam seu território contra a dominação inglesa. Mesmo estando distante dessa origem, acho que carrego um pouco desse espírito batalhador, resiliente, que vai à luta.

Eu tenho uma personalidade proativa, sei planejar a longo prazo, olhar as tendências. Sei pensar grande e sonhar grande e faço isso com a maior facilidade quando se trata da empresa, dos negócios. Na minha própria vida, nem sempre tenho a mesma facilidade. Tive que aprender a lidar com o imponderável, o impermanente e o desconhecido. Lembro-me de quando fiquei um ano entre sair do Amélia e começar na Abril. Eu era muito jovem e a última coisa que queria era tirar um período sabático. Então, para canalizar a energia, intensifiquei os treinos de corrida. Na época, aquele período me pareceu uma eternidade. Agora, vejo que foi insignificante comparado com o restante da minha jornada.

## FORÇA MAIOR

É claro que eu acredito no livre-arbítrio, que somos capazes de moldar o futuro de acordo com as coisas que vamos plantando no meio do caminho. Afinal, sou da geração do dever. Para nós, nada cai no colo de graça, temos que suar a camisa. Ao mesmo tempo, quando olho a minha história, vejo fatos que parecem frutos do destino. No começo da carreira, eu poderia ter ido para a Alpargatas, mas escolhi a Kibon. Agi com o coração porque o mercado de sorvetes me pareceu mais interessante do que o de artigos esportivos. Se tivesse usado a razão, teria seguido a recomendação do meu professor, que trabalhava na Alpargatas e me apoiaria naquele começo. Eu também tive a chance de ir para a Henkel, mas se tivesse feito isso dificilmente estaria casada com o Zé. Por alguma razão, eu não fui. Parece que há certas coisas pelas quais eu precisava passar. Não é determinismo, achar que não importa o que eu faça, meu destino está traçado. É reconhecer que existe uma força maior.

Eu influenciei o meu destino — e nem sempre o resultado foi bom para mim. Hoje sei que não era hora de trocar a Coral pela Parmalat. Meu ciclo na ICI não havia terminado: minha missão não estava completa, eu estava na linha de sucessão do meu chefe e seria enviada para um curso em Harvard. A empresa tinha um plano de carreira para os próximos dez anos. Havia mil razões para eu ter permanecido, mas eu forcei o destino e me arrependi. Naquele momento, faltou-me a tranquilidade de esperar. Já mencionei que a consultora Vicky Bloch chamou a atenção para o meu vetor de saída da Coral. A minha personalidade agitada e cheia de energia estava achando o mercado de tintas entediante, devagar, sem emoção. Resultado: como uma namorada apaixonada que fecha os olhos para os defeitos do namorado, embarquei na proposta da Parmalat sem os cuidados adequados.

## O FATOR SORTE

Atualmente, entendo que o tempo ideal num cargo é de três a quatro anos. No primeiro ano, você conhece a empresa, as pessoas, a cultura. No segundo, constrói e entrega o projeto que ficará marcado como seu, que terá as suas digitais. No terceiro, inicia a preparação dos potenciais sucessores. No último ano, você já estará pronta para o próximo desafio, que, se não se apresentar, você deve procurá-lo. Com a velocidade em que o mundo está mudando, talvez esse ciclo esteja ainda mais acelerado. No meu tempo, ainda se valorizava a estabilidade no cargo, aceitava-se que alguém ficasse oito ou dez anos no mesmo lugar. Eu nunca esperei tanto tempo — o máximo que fiquei no mesmo cargo foram cinco anos.

Não posso deixar de reconhecer que também tive muita sorte. Em várias ocasiões, fui a pessoa certa, na hora certa, no lugar certo. E também tive acesso a pessoas que me abriram portas. O Julio Cardoso me ofereceu a diretoria de marketing e, assim, tornei-me a primeira mulher a ocupar esse cargo na Kibon e no grupo Philip Morris — e aquele foi o primeiro passo para eu me tornar CEO. Também foi o cientista político Luiz Felipe D'Avila, marido da Ana Maria Diniz, quem me indicou para uma posição na Abril.

Outro componente importante na minha carreira foi o *timing*. Na época da Kibon, lancei um sorvete de iogurte que foi um desastre de vendas. Era muito antes da moda dos *frozen yogurt* e o consumidor não se interessou. Por quê? *Timing* errado. O Amélia também aconteceu no momento errado. Estava muito à frente do seu tempo e o mercado não estava pronto. Com carreira é a mesma coisa. Às vezes, você pode estar pronta para ser promovida, mas o chefe a bloqueia. Na Kibon, só perceberam meu valor quando fui para a Unilever. Foi uma mudança importante, pois, ao mesmo tempo, consegui ter minha filha e adquirir experiência numa outra cultura organizacional. Quando me chamaram de volta, eu já estava mais madura, mais preparada do que se tivesse ficado.

Tem uma coisa que eu garanto que fiz muito mal em toda a minha carreira: sou péssima negociadora. Quando me ofereciam uma posição, eu me sentia grata, nunca pensava em negociar algo mais. Levei dois anos no primeiro emprego para descobrir que ganhava a metade do meu colega. Nunca fiz curso de negociação, mas acho que deveria estar no currículo de todas as executivas. Tenho alguns colegas homens que tiveram sucesso em cargos similares aos meus e ganharam bem mais. Sei disso pelos sinais externos de riqueza. Tem também o fato de que nos ofereciam menos por sermos mulheres. Era a mentalidade da época, que ainda não foi totalmente banida.

## AVALIAR OS CHAMADOS

Certa vez assisti a uma palestra do *headhunter* Robert Wong na qual ele dizia que, para nossas escolhas não ficarem pesadas demais, temos que ouvir o coração mais do que a razão. Ele não estava errado. Para mim, as decisões ruins ocorreram quando eu queria muito enxergar aquele cavalo selado como a aventura certa para mim. O mesmo Robert Wong disse a uma revista que sempre soube que eu era grande demais para o Amélia — ele estava decepcionado, pois havia me oferecido na mesma época para participar do processo de seleção para o cargo de presidente da BCP. Ele estava certo, pois o Amélia era apenas um bom *business plan*. Eu estava infeliz na Parmalat, mas poderia ter escolhido melhor. Por que eu fui? Porque me chamaram.

É muito fácil avaliar o passado com a perspectiva de hoje, mas se pudesse fazer algo diferente seria investir um tempo para entender melhor o que me movia. Se entendesse melhor sobre o meu vetor de saída, teria sido menos impulsiva em algumas decisões. Muito estresse poderia ter sido evitado se eu tivesse gastado algumas semanas a mais para investigar a origem do dinheiro da Parmalat ou pesquisar a viabilidade do Amélia. Assim como um *headhunter* checa referências antes de indicar seu nome ao cliente, você tem que fazer em profundidade a mesma coisa em relação às empresas. Eu queria ter tido alguém que me fizesse três perguntas: Qual é a pressa? Isso é para você? Com quem você falou lá dentro?

Então, fui forjando o caminho e pagando o preço. Parece incongruente, pois a coisa que eu mais soube fazer bem foi pensar estrategicamente o futuro das empresas por onde passei. Não usei essa competência tão bem para a minha vida. Lembro-me de que a primeira palestra internacional a que assisti, quando ainda estava na Kibon, foi uma do norte-americano Lee Iacocca, que presidiu a Ford e a Chrysler. Ele me impressionou tremendamente pela humildade com que relatou a demissão da Ford. Quando saí do Amélia foi muito dolorido porque era minha primeira experiência de ser demitida. Eu fui criada para trabalhar, ser responsável, pagar as contas, ter emprego. Hoje, as *startups* falam sobre a importância de errar rápido e aprender rápido. Mas quando se pede para alguém contar um fracasso, a pessoa fica sem resposta. Não estamos acostumados a falar sobre o que não deu certo, mas uma coisa eu posso garantir: você não vai conseguir evitar os fracassos. Eu poderia ter evitado alguns dos erros que cometi, mas certamente teria feito outros.

## ALIADOS DAS MINHAS CAUSAS

O que fiz direito na minha trajetória? Eu me orgulho de muitos acertos, mas quero destacar a rede de relacionamentos, sempre procurei cuidar bem do *networking*. Com os *headhunters*, por exemplo, eu ia conversar mesmo quando sabia que provavelmente a vaga não era para mim. Dos empregos que consegui, alguns foram por *headhunters* (Unilever e Amélia) e outros por indicação de pessoas que me conheciam, sabiam da minha capacidade de trabalho e do meu estilo de gestão (Coral e Abril). As relações pessoais sempre foram importantes para mim. Claro, eu tinha ambições, mas nunca avancei passando por cima dos outros. Aprendi cedo a ter um comportamento ético, a jogar limpo. Com isso, conquistei aliados para as minhas causas.

Esse comportamento pautado em valores favorecia a criação de um clima organizacional de respeito entre as pessoas. E, como sempre tive uma liderança forte, envolvia todos, procurava fazer junto, estimulava a participação. É uma receita que pode ser aplicada até em ambientes complexos. É como quando se joga uma pedra no lago: os círculos vão se expandindo. Gandhi já dizia "seja a mudança que você quer ver no mundo". Estou muito entusiasmada com uma mudança que está acontecendo agora nas empresas, que é reconhecer a necessidade de se criar um espaço para a vulnerabilidade. No meu tempo, isso era sinônimo de fraqueza. E não é! Todos nós somos vulneráveis e precisamos de acolhimento uma hora ou outra. Esse movimento surgiu na pandemia por conta da deterioração da saúde mental coletiva e foi reforçado pela atitude da atleta americana Simone Biles durante a Olimpíada de Tóquio. Ao desistir de algumas competições, ela, uma atleta de altíssimo rendimento, foi valorizada pela coragem de se mostrar vulnerável. Achei uma mudança social extraordinária, pois a minha geração não teve esse privilégio.

Os meus chefes agiam como generais prussianos, muito rígidos e disciplinadores. Quando cheguei à posição de liderança, percebi que existiam outras técnicas que funcionavam muito melhor. E agora, ao reconhecerem a vulnerabilidade, os líderes estão evoluindo para um outro patamar. Os meus chefes não queriam problemas, queriam soluções. Quando fui para a ICI, o meu chefe teve dúvidas, *"will she be tough enough"*, questionando se eu seria firme o suficiente para aguentar o jogo corporativo. Acredito que respondi para ele com os resultados entregues.

## ALIMENTO PARA A ALMA

Assisti em casa ao fim da carreira executiva do meu padrasto. Ele, que priorizava o trabalho, perdeu-se quando foi aposentado de uma multinacional norte-americana. Depois, tentou retomar a carreira em uma empresa familiar em Joinville, mas continuou infeliz porque era outra cultura. Apesar de ser um homem com muitos interesses, que lia muito, ficou deprimido. Eu parei muito cedo — tinha apenas 55 anos —, não foi fácil, mas consegui uma nova identidade profissional como conselheira de empresas. O que me move é que continuo tendo energia para novos desafios e curiosidade para me manter atualizada. Gosto do conceito de *Life long learner*, aprendiz por toda a vida. Os japoneses usam o conceito de *shoshin*, que vem do zen budismo "mente de iniciante". Nos últimos anos, ter sido voluntária na Comissão de Estratégia do IBGC, contribuindo com artigos sobre questões de diversidade, inclusão e equidade, tem alimentado a minha alma. Sinto que continuo crescendo, ainda mais agora que faço parte do Conselho do Instituto.

Recentemente, o IBGC tem estudado como serão os Conselhos de Administração no futuro. Uma coisa já sabemos: o papel do conselheiro vai mudar. Teremos que nos manter atualizados com as novas tecnologias e nos valer de seu uso no dia a dia. Outra constatação vem da experiência com a pandemia: a importância de mais proximidade entre os conselheiros e o negócio. Na minha opinião, o modelo que vai acabar vingando, e com o qual concordo, levará os conselheiros a participar de um número reduzido de colegiados, mas eles devem estar profundamente envolvidos com aqueles em que escolherem trabalhar. A pandemia nos levou, sem planejamento, a essa maior proximidade entre o executivo e o Conselho, e percebe-se que é muito vantajoso. Evidentemente, sempre respeitando a boa governança e as instâncias.

Em seu papel de líder, em um mundo não linear e imprevisível, o conselheiro estará em um movimento constante de aprender, de desaprender e de reaprender. Pois há menos respostas absolutas. Quando olho a minha carreira, os momentos de maior realização foram quando recebi o mandato para promover mudanças. Eu gosto de ambientes complexos. Portanto, sinto-me estimulada e preparada para o futuro. Espero que você também.

Esta obra foi composta em Minion Pro 12 pt e impressa em
papel Offset 90g /m² + couché fosco 115g/m² pela gráfica Loyola.